GUIDE
DES NÉGOCIANTS

ET

DES OFFICIERS MINISTÉRIELS

OU

COMPTE-RENDU POUR L'ANNÉE 1850

Des Faillites, Concordats, Répartitions de dividendes,
Clôtures, Réhabilitations, Autorisations de faire le commerce, Sociétés commerciales,
Interdictions et Conseils judiciaires, Mainlevées
et Séparations de corps et de biens

CONCERNANT LE DÉPARTEMENT DE LA SEINE

Par J.-I. CHOISELLE

(Voir l'Avant-Propos)

Année 1850

PARIS

RUE MONTMARTRE, 136

GUIDE

DES NÉGOCIANTS

ET

DES OFFICIERS MINISTÉRIELS

GUIDE

DES NÉGOCIANTS

ET

DES OFFICIERS MINISTÉRIELS

OU

COMPTE-RENDU POUR L'ANNÉE 1850

Des Faillites, Concordats, Répartitions de dividendes,
Clôtures, Réhabilitations, Autorisations de faire le commerce, Sociétés commerciales,
Interdictions et Conseils judiciaires, Mainlevées
et Séparations de corps et de biens

CONCERNANT LE DÉPARTEMENT DE LA SEINE

Par J.-I. CHOISELLE

———

(Voir l'Avant-Propos)

———

Année 1850

·——====•==•••==•==———·

PARIS

RUE MONTMARTRE, 136

-◁※▷-

AVANT-PROPOS

Dans un but d'utilité publique je me suis livré à un travail très assidu pour composer cet ouvrage, persuadé que j'étais et que je suis toujours qu'il évitera bien de fausses et malheureuses spéculations.

Les honnêtes négociants m'en sauront gré, j'en ai la certitude; tandis que tant d'autres, habitués à faire des dupes en exploitant, par tous les moyens qui leur sont bons, la classe laborieuse, qu'ils entraînent souvent à la faillite, ceux-là, dis-je, me jetteront la pierre.

Je fais ici un aveu bien sincère : je m'appliquerai autant qu'il me sera possible à les dévoiler à la face du public, non seulement par la publication de cet ouvrage, mais encore par des renseignements particuliers que je puiserai à bonne source.

Pareil travail s'exécute en ce moment pour les années

1848 et 1849, qui ne formeront qu'un seul volume. L'année 1851 est sous presse. Quant à l'année 1852, elle ne pourra être publiée que dans le courant de janvier 1853.

Les personnes qui désireraient se procurer cet ouvrage vraiment utile pour les années 1848-1849, 1850 ou 1851, sont priées d'en faire la demande franco à M. Choiselle.

L'Administration du *Guide*, dont le siége est fixé à *Paris, rue Montmartre*, 136, se charge aussi de toutes affaires litigieuses et contentieuses pour la France et l'étranger.

Chaque exemplaire de cet ouvrage devra porter ma signature et sera revêtu de la griffe de l'Administration.

DIRECTEUR.

NOTA.

Des renseignements autres que ceux contenus dans cet ouvrage seront donnés gratuitement aux souscripteurs seulement.
Il y aura donc intérêt à faire connaître son adresse en souscri-
vant.

TABLEAU DES SYNDICS

ORDINAIREMENT NOMMÉS DANS LES FAILLITES.

BOULET, passage Saulnier, 16.
BATTAREL, rue de Bondy, 7.
BREUILLARD, r. Trévise, 28.
BAUDOUIN, r. d'Argenteuil, 36.
CORRARD, rue d'Enghien, 44.
CRAMPEL, r. Louis-le-Grand, 18.
DUPRAY, rue de la Banque, 36.
DUVAL-VAUCLUSE, rue Grange-aux-Belles, 5 bis.
DECAGNY, rue Thévenot, 16.
GEOFFROY, rue Montholon, 21.
GROMART, rue Montholon, 12.
HENRIONNET, rue Cadet, 13.
HENIN, rue Pastourel, 7.
HEROU, rue du Faubourg-Poissonnière, 14.
HAUSSMANN, rue Saint-Honoré, 290.
HEURTEY, rue Laffitte, 51.
HUET, rue Cadet, 6.
KRECHEL, r. de l'Arbre-Sec, 54.

LECOMTE, r. de la Michodière, 12.
LEFRANÇOIS, r. Grammont, 16.
MAGNIER, rue Taitbout, 16.
MILLET, rue Mazagran, 3.
PELLERIN, r. Geoffroy-Marie, 3.
PORTAL, rue Neuve-des-Bons-Enfants, 25.
PARIS, rue Montyon, 13.
PASCAL, rue Basse-du-Rempart, 48 bis.
RASTOIN DE BREMONT, boulevart Poissonnière, 12.
RICHOMME, rue d'Orléans-S.-Honoré, 19.
SERGENT, rue Rossini, 16.
SANNIER, rue Richer, 26.
THIÉBAUT, rue de la Bienfaisance, 2.
TIPHAGNE, rue du Faubourg-Montmartre, 61.

TABLE GÉNÉRALE DES FAILLITES

PUBLIÉES EN 1850.

DATES des jugements déclaratifs de faillite.	NOMS, PRÉNOMS, PROFESSIONS ET DEMEURES DES FAILLIS.	NOMS DES SYNDICS.	Nᵒˢ du Greffe.
1850. Mars 18	ANCELET, Jean-Marie, entrepreneur de bâtiments, à Charonne, r. St-Germain, 34.	Henin.	9387
1849. Déc. 14	ASSOCIATION des cuisiniers de Gentilly, route d'Italie, 32.	Maillet.	
1850. Avril 1er	ALBERT, Adolphe, marchand de nouveautés, rue Poissonnière, 21.	Richomme.	9410
» » 17	AGAESSE, Laurent-Jean-Joseph, marchand de vin, à Neuilly, avenue porte Maillot, 54.	Tiphagne.	9484
1849. Sept. 4	ALBÉATRICE, boulanger, à Batignolles, rue Lemercier, 16.	Id.	9028
1850. Mai 16	ARNOUX, François, commissionnaire en marchandises, rue de l'Échiquier, 40.	Pascal.	9470
» Aout 21	AUBANEL-DELPONT, marchand de laines à Sommières (Gard), r. des Pet.-Écuries, 27.	Rastoin de Brémont.	9588
» Nov. 8	ALLAIS fils, Louis-Prosper, fabricant de plâtre, à Boulogne.	Pascal.	9669
» » 19	ALLAIN, Romain-Magloire, ancien tailleur, rue Vivienne, 55.	Boulet.	9676
» Déc. 6	AYMAT père, Jean, marchand de vins en gros, aux Thernes, rue de l'Arcade, 21.	Decagny.	9690
» Août 9	ACHARD, Louis-Marie, marchand de laines, rue Beaurepaire, 13.	Maillet.	9578
» Déc. 10	ABRAHAM fils, Jacob, chemisier, rue de Cléry, 12.	Breuillard.	9695
1849. » 12	AUERBACH, imprimeur-lithographe, rue Saint-Denis, 331.	Huet.	9215

DATES des jugements déclaratifs de faillite.	NOMS, PRÉNOMS, PROFESSIONS ET DEMEURES DES FAILLIS.	NOMS DES SYNDICS.	Nos du Greffe.
	B.		
1850. Janv. 18	BESNARD , Gabriel , crémier, à La Chapelle, rue des Couronnes , 49.	Portal.	9294
» » 10	BLANCHIN aîné, François-Sébastien, mécanicien, quai Valmy, 125.	Breuillard.	9272
» » 10	BONNOT et VASSAL , marchands d'étoffes, rue de l'Échiquier, 15.	Sergent.	9273
» » 22	BESLAY, Charles-Victor, mécanicien, rue Neuve-Popincourt, 17.	Geoffroy.	9301
» » 25	BAQUET, Louis, épicier, à Belleville, rue du Combat.	Kréchel.	9303
» » 28	BRON, Jean-Louis, fabricant de ouates, rue du Plâtre-Sainte-Avoie, 5.	Huet.	
» Fév. 1er	BOUÉ, Victor-Balbin, ancien entrepreneur de bâtiments, rue Ville-l'Evêque ; 42.	Huet.	9316
» » 11	BERNIER, Clovis, bonnetier, rue Saint-Martin, 30 ou 32.	Sergent.	9335
» » 11	BARBANCEY, Pierre-Théophile, négociant-exportateur, boulevart Bonne-Nouvelle, 36.	Boulet.	9337
1849. Oct. 4	BIGOT, Étienne-Nicolas, fabricant de poterie, rue Popincourt, 24.	Thiébaut.	9078
1850. Fév. 15	BASSOT, Georges, march. de vin traiteur, à Romainville, route de Paris, 25.	Lefrançois.	9344
1849. Oct. 30	BENOIT, Germain-Florentin, serrurier, rue Saint-Germain-l'Auxerrois, 26.	Richomme.	9130
1850. Mars 11	BAUMBACH, Jean-Guillaume-Ephraïm, hôtelier, rue des Quinze-Vingts , 2.	Henrionnet.	9379
1849. Juin 21	BLARIOT-DONAT, François-Eugène, limonadier, rue de la Banque , 4.	Hénin.	8870
1850. Janv. 15	BOYER, Pierre, marchand de vin, rue Saint-Germain-l'Auxerrois, 21.	Id.	9283
» Mars 22	BONVARLET (Dlle), Rosalie, ancienne grainetière, rue des Petites-Ecuries, 45.	Henrionnet.	9396

DATES des jugements déclaratifs de faillite.	NOMS, PRÉNOMS, PROFESSIONS ET DEMEURES DES FAILLIS.	NOMS DES SYNDICS.	Nos du Greffe.
1850. Mars. 27	BELLENGER, Zénon-Hippolyte, boulanger, rue de la Grande-Truanderie, 14.	Magnier.	9401
» » 23	BOUCHERON fils, René-Maximilien-Etienne, serrurier, rue du Parc, 1.	Decagny.	9395
» » 20	BOUTHELIER, Charles, tapissier, rue du Faubourg-Saint-Denis, 121.	Thiébaut.	9408
» Avril 2	BÉCHET, C., fabricant de tissus, rue de St-Quentin, 14.	Millet.	9415
» » 1er	BLESSON, Louis-Edouard, entrepreneur de peinture, rue aux Ours, 36.	Maillet.	9411
» » 9	BOURRIÉ, Laurent, hôtelier, rue Neuve-St-Eustache, 9.	Portal.	9420
» » 22	BALAVOINE, Jules-Victor, fabricant de cirage, rue de Varennes, 18.	Heurtey.	9442
» » 25	BLANCHARD, Louis-Joseph, corroyeur, rue Guérin-Boisseau, 11.	Lefrançois.	9445
» Janv. 7	BLIN, L.-Fr., et DULION, G.-D.ie, sa femme, march. de salines, r. Pavée-St-Sauveur, 2.	Richomme.	9260
» Mai 2	BIGI, Charles, tenant table d'hôte, rue Grammont, 27.	Heurtey.	9451
» » 3	BERNIER, Étienne, menuisier, aux Thernes, rue d'Armaillé, 19.	Portal.	9455
» » 3	BURNAND, David, marchand de vin traiteur, rue Béthisy, 8.	Tiphagne.	9456
1849. Août 28	BOILEUX, Aimé-Alexandre, entrepreneur, rue de Douai, 1.	Sergent.	9013
1850. Mai 13	BLAJOT, François-Henri, ancien charcutier, rue Beaurepaire, 6.	Saunier.	9464
» » 16	BIZERAY, Frédéric-Julien-René, boulanger, à Passy, rue de l'Eglise, 32.	Maillet.	9471
» » 22	BLACHÈRE, Louis, commissionnaire en tableaux, place Saint-Sulpice, 12.	Kréchel.	9476
» » 24	DARÇON, Pierre-Bapt., march. de vin, logeur, à Belleville, boulev. des Trois-Couronnes, 6.	Id.	9480
» » 29	BOURON, Charles, marchand de vin, rue de Sèvres, 59.	Haussmann.	9484

DATES des jugements déclaratifs de faillite.	NOMS, PRÉNOMS, PROFESSIONS ET DEMEURES DES FAILLIS.	NOMS DES SYNDICS.	Nos du Greffe.
1850. Juin 5	BUFFON, Philippe-Melchior, restaurateur, boulevart Bonne-Nouvelle, 34.	Heurtey.	9488
» » 21	BARRELLIER-NIARD et Cᵉ, négociants, boulevart Beaumarchais, 42.	Sergent.	9514
» » 14	BENOIST, Louis, marchand de vaches, à La Villette, route d'Allemagne, 155.	Millet.	9504
» Juill. 12	BLAT, Nicolas, limonadier, à La Villette, quai de Seine, 67.	Hérou.	9546
» » 15	BACHELIEU, Pierre-Julien-Joseph, serrurier, à Vaugirard, rue de Sèvres, 67.	Maillet.	9549
» » 19	BUIRE, Victor, agent de remplacement militaire, rue de la Tabletterie, 2.	Richomme.	9551
» » 19	BLANC, Pierre, tailleur, rue du 24 Février, 15.	Maillet.	9557
» » 16	BENARD et DULIEUX, François et Anatole, merciers, rue du Caire, 21.	Henrionnet.	9552
» Août 6	BURKARD, Charles-André, restaurateur, place de la Bourse, 13.	Breuillard.	9574
» » 16	BROUT-SALMON et Cᵉ, épiciers, rue du Cadran, 7.	Richomme.	9583
» » 20	BAZAILLE, Pierre, passementier, rue Rambuteau, 37.	Tiphagne.	9586
» Sept. 4	BEQUET, Charles-Célestin, limonadier, rue Neuve-Saint-Augustin, 23.	Lefrançois.	9605
» Août 22	BARTHOMMIER, entrepreneur de bâtiments, rue Miromesnil, 70.	Hénin.	9589
» Sept. 10	BOUCHON, fermier d'annonces, rue Vivienne, 36.	Thiébaut.	9609
» Juin 11	BOURGEOIS (dame), Elisa-Françoise-David, lingère, à Grenelle, rue du Commerce, 4.	Henrionnet.	9503
» Sept. 6	BERTHELEY, passementier, rue Montmartre, 167.	Geoffroy.	9608
» Oct. 4	BOUDIN fils, Pierre, grainetier, à Charonne, rue de Paris, 16.	Lecomte.	9627
» » 11	BENARD, Alexis, marchand de café, rue Saint-Merry, 19.	Lefrançois.	9634

DATES des jugements déclaratifs de faillite.	NOMS, PRÉNOMS, PROFESSIONS ET DEMEURES DES FAILLIS.	NOMS DES SYNDICS.	Nos du Greffe.
1850. Oct. 11	BERTRAND, Jules, tailleur, rue du 24 Février, 37.	Decagny.	9635
» » 18	BOULÉ-PÉCHARD, Georges-Désiré, ancien boulanger, rue Saint-Lazare, 83.	Haussmann.	9640
» » 18	BRISION fils, François-Alfred, restaurateur, à Passy, pelouse de l'Etoile, 45.	Krechel.	9641
» » 22	BILLAUD, Jacques-Suzanne-Hippolyte, marchand de toile, rue Saint-Honoré, 32.	Richomme.	9643
» Nov. 4	BORGEOT, François, marchand de chevaux, rue Saint-Honoré, 390.	Heurtey.	9663
» » 13	BARBIER, Xavier-François, limonadier, avenue Lamothe-Piquet, 26.	Hérou.	9672
» Sept. 21	BRUNET, Louis-Thimoléon, horloger, rue Neuve-Saint-Paul, 13.	Tiphagne.	9619
» Déc. 21	BOURGEOIS aîné, Charles-Adrien, marchand de bois, à Batignolles, rue Saint-Louis, 15.	Pascal.	9708
1849. Janv. 18	BENOIT (demoiselle), Emma, marchande de nouveautés, rue Richelieu, 83.	Breuillard.	9227
1850. Janv. 11	BAZIN, Jean, fabricant d'équipements militaires, pass. Ste-Croix-de-la-Bretonnerie, 1.	Decagny.	9274

C.

1850. Janv. 9	CHIVOT et DEVAILLY, merciers, à Batignolles, Grande-Rue, 43.	Millet.	9264
» » 9	CHIVOT, Etienne-Théophile (personnellement), mercier, à Batignolles, Gr.-Rue, 43.	Id.	9265
» » 17	CRAPART, Laurent, marchand de bois à Ivry, quai prolongé de la Gare, 6.	Portal.	9286
» » 21	CHAULE, Victor-Eugène, nourrisseur, rue du Faubourg-du-Temple, 8.	Boulet.	9295
» » 17	COPPIN, Louis, marchand de vin, rue de Bretagne, 2.	Pascal.	9290

DATES des jugements déclaratifs de faillite.	NOMS, PRÉNOMS, PROFESSIONS ET DEMEURES DES FAILLIS.	NOMS DES SYNDICS.	Nos du Greffe.
1850. Janv. 15	COQUELIN, Jean-Nicolas, ancien limonadier, rue des Mathurins-Saint-Jacques, 3.	Thibaut.	9280
» » 17	CARON, marchand de bois de charpente, à Bercy, sur le port, 77.	Pascal.	9289
» » 29	CAZÉ, Constant-Florimond, marchand de vin, à Boulogne (Seine).	Richomme.	9308
1849. Déc. 10	CHAGNIAT, Edme-Jean, serrurier, rue de la Roquette, 57.	Huet.	9211
1850. Janv. 23	CARTERON, Jean-Baptiste, médecin, rue Grange-Batelière, 22.	Id.	
» Fév. 4	CHAPPART, Michel-Adolphe, passementier, rue Saint-Denis, 201.	Millet.	9318
» » 8	CHOCAT aîné, Pierre-Didier, négociant en vins, à Courbevoie, quai Napoléon.	Pascal.	9332
1849. Août 28	CALROW et compagnie, fabricants de boulons, impasse d'Argenteuil, 12.	Decagny.	9014
1850. Fév. 15	CURMER, Adolphe et femme, épiciers, rue Joquelet, 8.	Thiébaut.	9347
» » 27	COUTANT, Antoine-Victor, maître de forges, à Ivry, quai prolongé, 11.	Pascal.	9360
» Mars 11	COLOMBEL, Jacques, marchand à la toilette, rue Meslay, 37.	Hérou.	9380
1849. Déc. 26	CHAUMEIL, colporteur, rue des Vinaigriers, 27.	Portal.	9245
1850. Mars 22	CHÉRON, négociant, rue des Mauvaises-Paroles, 12.	Heurtey.	9392
1849. Oct. 9	CHANTRIER frères, distillateurs, rue du Four-Saint-Honoré, 12.	Tiphagne.	9086
1850. Avril 4	CARRIOL, Hugues, serrurier, à Belleville, rue de Paris, 162.	Huet.	9414
» » 8	CHAMMARTIN, François-Gustave, marchand de vin, rue Moreau, 31.	Heurtey.	9418
» » 9	COURTOIS jeune, Jean-Baptiste, marchand de vin, boulevart Beaumarchais, 84.	Battarel.	9419
» » 12	CAVAILLON et compagnie, société dite l'Espérance californienne, rue Saint-Marc, 17.	Lefrançois.	9426

DATES des jugements déclaratifs de faillite.	NOMS, PRÉNOMS, PROFESSIONS ET DEMEURES DES FAILLIS.	NOMS DES SYNDICS.	Nos du Greffe.
1850. Avril 16	CORBIÈRE (veuve) fils aîné, fabricante de produits chimiques, à Issy.	Portal.	9432
» » 12	CROIZÉ, Isidore-Thomas, faïencier, rue Guy-Labrosse, 2.	Geoffroy.	9427
» » 19	CHARDON fils et compagnie, marchands de bois, rue Fontaine-Saint-Georges, 4.	Breuillard.	9419
1849. Juin 6	CENDRIER, épicier, rue Baillif, 5 bis.	Kréchel.	8839
» Mal. 50	CLAUTRIER, Pierre-Paul, marchand de nouveautés, à la Chapelle, Grande-Rue, 55.	Magnier.	8820
1850. Juin 4	CHOLLET et compagnie, négociants, rue Montmartre, 171.	Boulet.	9490
» » 25	CARRÉ, Alfred, marchand de laine, rue Rambuteau, 80.	Lefrançois.	9526
» Juill. 9	CHAULIN, Noël-Pierre, papetier, rue Saint-Honoré, 218.	Breuillard.	9543
» Août 1er	CAMUS jeune, J.-Alexandre-Benjamin, commiss. en chapellerie, rue Rambuteau, 35.	Huet.	9570
» » 2	CAMUS, Laurent-Denis, linger, passage Choiseul, 43.	Decagny.	9571
» » 25	CHAVY, Antoine, horloger à Bourg-la-Reine, Grande-Rue, 24.	Cromort.	9591
» Oct. 9	CHAUVIN fils, Jean-Edouard, serrurier, rue Neuve-Sainte-Catherine, 16.	Huet.	9633
» » 17	COEUILHE, Ernest, rue de la Banque, 17.	Boulet.	9637
» » 25	CONCANON, James, bottier, r. Castiglione, 14.	Sergent.	9647
» » 25	CHARY, Joseph, marchand de charbon à Bercy, rue d'Orléans, 22.	Hénin.	9652
» » 55	CARLE et Compagnie, négociants à Passy, barrière de l'Etoile.	Lefrançois.	9653
» » 28	CHOPELET, Alex., anc. gér. de la Comp. des remorq. à vap. de la H.-Saône, r. Bondy, 64.	Sergent.	9654
» Déc. 9	CHASTEL fils, Guillaume, fabricant de parapluies, passage Brady.	Baudoin.	9693

3

DATES des jugements déclaratifs de faillite.	NOMS, PRÉNOMS, PROFESSIONS ET DEMEURES DES FAILLIS.	NOMS DES SYNDICS.	Nos du Greffe.
1850, Déc. 20	CAMILLE, Adrien-Nicolas, ancien loueur de voitures, rue des Tournelles, 80.	Henrionnet.	9705
» » 22	CAUDERON, J.-Bapt.-Louis-Aug., liquidat. de la Soc. Cauderon et Ce, r. des Vignes, 3.	Boulet.	9710

D.

»	DELHAYES, marchand de bois à La Villette, rue de Flandres, 40.	»	9498
»	DROUIN, François, fabricant de briques à Belleville.	»	9502
1849. Déc. 18	DURIEUX, Xavier, directeur du journal le Temps, rue Chabanais, 5.	Pascal.	9231
1850. Janv. 9	DEVAILLY, Noël-François, mercier à Batignolles, Grande-Rue, 43.	Millet.	9266
» » 9	DUMOULIN, Jean-Marie, tailleur, rue Saint-Lazare, 82.	Tiphagne.	9270
» » 11	DEGUY, Pierre-Louis, entrepreneur de peintures, faubourg Saint-Honoré, 180.	Sannier.	9275
1849. Nov. 5	DELABIGUE, marchand de rouenneries, passage Jabach, rue Saint-Martin, 34.	Boulet.	9136
1850. Janv. 23	DURANT, Laurent, épicier, rue de la Verrerie, 55.	Baudouin.	9299
» » 23	DUBOIS, Victor, marchand de vin, rue de Charenton, 95.	Tiphagne.	9304
» » 17	DENISOT, ancien épicier, faubourg du Temple, 29 bis.	Pellerin.	9287
» Fév. 8	DEBILLE (demoiselle), Aglaé, mercière, rue Saint-Denis, 311.	Gromort.	9333
» » 15	DUNOT, Armand-Charles, et femme, entrepreneurs de peintures, r. de la Tixeranderie, 15.	Heurtey.	9346
» » 5	DETENRE, marchand de châles, rue Montmartre, 82.	Thiébaut.	9326

DATES des jugements déclaratifs de faillite.	NOMS, PRÉNOMS, PROFESSIONS ET DEMEURES DES FAILLIS.	NOMS DES SYNDICS.	Nos du Greffe.
1850. Fév. 14	DUFOUR, Alexandre-Pascal, aubergiste, rue Sainte-Avoie, 19.	Hérou.	9343
» » 7	DESRIEUX, Joseph-Guy, rue Neuve-Saint-Augustin, 5.	Gromort.	9328
» » 27	DEVOULX, J.-F., marchand de charbon de terre, rue de Flandre, 45, à La Villette.	Hénin.	9362
» Mars 18	DERANCOURT (veuve), entrepreneur de menuiserie, 54, rue de Clichy.	Battarel.	9388
1849. Déc. 10	DUBOIS et Ce, marchands de vins, 60, r. Mazarine.	Geoffroy.	9207
1850. Mars 27	DIZENGREMEL, Oscar-Prosper-Guillaume, boucher, rue Saint-Honoré, 304.	Breuillard.	9402
» » 29	DAIME, Jean-Pierre, marchand de vin à Saint-Denis, rue de Paris, 97.	Haussmann.	9407
» » 29	DELARIVIÈRE, J. et J.-L., agents d'affaires, 138, Champs-Elysées.	Maillet.	9405
» Avril 18	DUEZ, Louis-Joseph, et femme, limonadiers, 18, rue de Pontoise.	Hérou.	9436
» » 19	DEBOIS, tailleur, 4, rue Vivienne.	Boulet.	9439
» » 23	DUFOUR (demoiselles), modistes, rue de la Paix, 10.	Richomme.	9443
» Fév. 18	DUBOIS, Lucien-Antoine, papetier, 38, rue Montaigne.	Millet.	9348
» Avril 29	DEGLARGE, Louis-Bernard, loueur de voitures, rue du Colysée, 19.	Pascal.	9448
» Mai 3	DUTRÉIII, François-Adolphe, fabricant de bijouterie, rue d'Amboise, 5.	Hentlonnet.	9453
» Juin 12	DUFOUR (veuve), tenant l'hôtel de l'Union, rue Saint-Martin, 256.	Maillet.	9501
» Juill. 9	DROMERY, Jean-Joseph-Victor, ancien négociant en soieries, rue Boursault, 2.	Portal.	9542
» » 23	DUTOUR (veuve), limonadière, 15, rue de Viarme.	Hérou.	9563
» » 26	DROUOT, Nicolas-Ernest, ancien gérant de la Caisse de prévoyance, rue du Houssay, 11.	Boulet.	9566

DATES des jugements déclaratifs de faillite.	NOMS, PRÉNOMS, PROFESSIONS ET DEMEURES DES FAILLIS.	NOMS DES SYNDICS.	Nos du Greffe.
1850. Août 6	DUPONT, Jean-François, ancien loueur de voitures, 15, rue Fortin, à Batignolles.	Portal.	9573
» » 26	DUVAL, Denis-Pierre, carrier à Vanves, rue d'Aval, 2.	Battarel.	9594
» Avril 24	DUMONT père, Jérôme, fabricant d'essence, faubourg Saint-Antoine, 52 et 35.		
» Août 28	DUVAL, Jules, ancien marchand de tissus, boulevart Beaumarchais, 70.	Heurtey.	9597
» Sept. 18	DEGRANDCHAMPS et Cᵉ, entrepreneurs du bal du parc d'Asnières.	Henrionnet.	9616
» » 24	DUBOIS (veuve), marchande de vin traiteur à Belleville, rue de l'Orillon, 1.	Kréchel.	9622
» Oct. 9	DROUET et Cᵉ, entrepreneurs de bains, rue Sainte-Anne, 22, et sur la Seine.	Breuillard.	9631
» » 22	DION, Etienne-Antoine, emballeur, 30, rue Coquillière.	Tiphagne.	9645
» » 25	DEBAR, Jules, commissionnaire en chapellerie, rue Saintonge, 44.	Sannier.	9646
» » 29	DUBOIS, Jean-Pierre, entrepreneur de travaux publics, r. de la Reine, 31, à Boulogne.	Millet.	9661
» Avril 26	DUPUIS (veuve), épicière, rue des Noyers, 16.	Richomme.	9446
» Nov. 5	DELAFON, Pierre-Léopold, pharmacien, rue Trévise, 43.	Lecomte.	9666
» » 6	DOUILLARD, Jean-Théophile, marchand de bois, rue de Bercy, 48.	Richomme.	9667
» Oct. 21	DONZÉ, négociant, rue Saint-Denis, 249.	Hérou.	9662
» Déc. 4	DUPONT, Michel, maçon, rue Rambuteau, 53.	Heurtey.	9685
» » 6	DE BEAUMONT, Fénélon, scieur à la mécanique, à Ivry.	Lefrançois.	9691
» » 27	DULIN, François-Marie-Paul, directeur du Vaudeville, 31, place de la Bourse.	Heurtey.	9715
»	DAMAY, agent d'affaires, rue Dauphine, 32.		9355

DATES des jugements déclaratifs de faillite.	NOMS, PRÉNOMS, PROFESSIONS ET DEMEURES DES FAILLIS.	NOMS DES SYNDICS.	Nos du Greffe.
1850.	DUBOIS, restaurateur, rue Jeannisson, 9.		9544
»	DERAINE, fabricant de gants, rue Saint-Denis, 257.		9555

E.

1850. Mars 1er	ENKEL, ébéniste, rue du Faubourg-Saint-Antoine, 123.	Gromort.	9364

F.

1850. Janv. 4	FOURNIAL, Léonard, scieur de long à Passy, 12, Grande-Rue.	Heurtey.	9258
1849. Nov. 20	FRETIN, marchand de vin, r. de l'Arcade, 1.	Portal.	9170
» » 6	FADIÉ, Jean-Joseph, serrurier, faub. Poissonnière, 152.	Richomme.	9143
1850. Fév. 5	FAIRMAIRE, Pierre-Antoine, receveur de rentes, 14, rue Ménars.	Rastoin de Brémont.	9320
1849. Nov. 15	FABRE, Charles, commissionnaire en marchandises, 37, rue Quincampoix.	Sannier.	9161
1850. Fév. 27	FARDOUIN, Henri, restaurateur, rue Meslay, 48.	Boulet.	9361
» » 1er	FOURNIAL (dame), épicière à Passy, Grande-Rue, 12.	Heurtey.	9315
» Mars 21	FINOT, Antoine-Victor, charpentier, rue de l'Ouest, 56.	Lefrançois.	9391
» Avril 10	FORDEBRAS, Narcisse, bonnetier, 23, rue Taitbout.	Boulet.	9421

DATES des jugements déclaratifs de faillite.	NOMS, PRÉNOMS, PROFESSIONS ET DEMEURES DES FAILLIS.	NOMS DES SYNDICS.	Nos du Greffe.
1849. Août 21	FLEURET, colporteur, rue du Vertbois, 14.	Baudouin.	9008
1850. Avril 11	FERNEL (veuve), marchande à la toilette, r. des Fontaines-du-Temple, 2.	Thiébaut.	9425
» » 17	FLEURY, Etienne-Victor, charpentier, rue de l'Arbre-Sec, 57.	Decagny.	
» » 25	FOURNIER, Armand, négociant commissionnaire, rue de l'Echiquier, 36.	Portal.	9444
» Mai 25	FRION (dame), marchande au Temple, rue Charlot, 23.	Richomme.	9478
» Juin 3	FOURCHES, Pierre, marchand de nouveautés à Antony (Seine).	Pascal.	9489
» » 21	FORTIN, Louis-Prosper, épicier à Belleville, Grande-Rue, 35.	Millet.	9520
» Mai 10	FAURE, Joseph, boulanger, chaussée Mesnilmontant, 53, à Belleville.	Lefrançois.	9463
1849. Oct. 16	FÉRON, Onézime-Augustin, maçon, rue de Montreuil, 113.	Id.	9098
1850. Août 19	FRANKE, Charles, fourreur, rue Tronchet, 9.	Henrionnet.	9584
» » 28	FOURNET, Jean, ancien marchand de papiers peints, rue Sainte-Anne, 16.	Sergent.	9596
» Oct. 4	FLEUROT, Charles, boulanger à Batignolles, 2, rue Cardinet.	Richomme.	9628
» » 17	FRÉMICOURT, ancien entrepreneur de lavoir, à La Villette, rue de Flandre, 41.	Heurtey.	9639
1849. Juin 5	FILLION, limonadier, rue du Bac, 83.	Maillet.	8828
1850. Nov. 29	FONDARY fils, Eugène-Jean-Baptiste, tapissier, rue de Duras, 3.	Millet.	9683
1849. Nov. 2	FLEURY, Noël, boucher à Champigny, Grande-Rue.	Geoffroy.	9132

DATES des jugements déclaratifs de faillite.	NOMS, PRÉNOMS, PROFESSIONS ET DEMEURES DES FAILLIS.	NOMS DES SYNDICS.	Nos du Greffe.

G.

1850.	GADINAT, tenant maison meublée, rue Pagevin, 16.	Huet.	9577
	GIROIX, négociant, rue Saint-Martin, 21.		9499
» Janv. 10	GRELET, Louis, tenant maison meublée, 71, faubourg Saint-Honoré.	Millet.	9271
» » 11	GLUAIS, Pierre, parfumeur, 19, boulevart des Capucines.	Sergent.	9278
» » 16	GROGNET, Jean-Louis, maître maçon à Vaugirard, 71, rue des Tournelles.	Geoffroy.	9284
» Fév. 1er	GAUTHIER, Etienne-Alexandre, limonadier, 16, rue Saint-André-des-Arts.	Pellerin.	9317
1849. Janv. 21	GRUNY, Victor-Alexandre, épicier, rue de la Fidélité, 23.	Decagny.	8688
1850. Janv. 29	GAUDRÉ, Théophile, marchand de coton, rue Rambuteau, 74.	Battarel.	9310
1847. Déc. 23	GEOFFROY père, Nicolas, négociant, rue des Amandiers, 4.	Lefrançois.	7989
1850. Mars. 8	GUCHE frères, fabricants d'équipements militaires, 26, rue Saint-Quentin.	Decagny.	9372
» » 7	GENDRY, serrurier, 25, rue Neuve-des-Mathurins.	Portal.	9371
» » 15	GUERCHENER, Alexandre, passementier, 9, rue des Arcis.	Magnier.	9383
» » 22	GABILLÉ (veuve), serrurier, 18, passage des Deux-Sœurs.	Sannier.	9397
» » 22	GUÉRIN, Hilaire, serrurier, 19, rue de Berry.	Huet.	9394
» » 26	GUIGUOZ (veuve), lingère, rue Montmartre, 73.	Richomme.	9400
» Fév. 11	GUILBERT, Etienne, décédé, négociant, rue Jean-Jacques-Rousseau, 3.	Portal.	9341

DATES des jugements déclaratifs de faillite.	NOMS, PRÉNOMS, PROFESSIONS ET DEMEURES DES FAILLIS.	NOMS DES SYNDICS.	Nos du Greffe.
1850, avril 19	GALLET, marchand de vin à Arcueil, route d'Orléans, 16.	Henrionnet.	9440
» Janv. 25	GRIVEAU (veuve), François, décédée, marchande de vin à la bouteille, r. Portefoin, 10.	Heurtey.	9305
» Mai 24	GIRMA, négociant, rue du Temple, 20.	Millet.	9479
» » 28	GRENU, entrepreneur du casino, 11, chaussée d'Antin.	Huet.	9482
» Mars 8	GUICHARD et femme, linger, rue Neuve-Saint-Eustache, 32.	Richomme.	9375
» Juil. 18	GUYON, Louis, limonadier, rue Hoche, 5.	Huet.	9556
» Août 25	GUÉRIN, Jacques-Abraham, entrepreneur de pavage, rue Popincourt, 82.	Herou.	9590
1850, Août 20	GUILMIN, négociant, rue Laffitte, 22.	Portal.	9587
» » 30	GUIBERT, Henry, épicier, rue de Duras, 9.	Pellerin.	9599
» Sept. 5	GOURLET, Charles-François-Auguste, restaurateur, au château d'Asnières.	Sergent.	9603
1849, Déc. 7	GENET jeune, Pierre-Aumaire, entrepreneur de bâtiments, faubourg Saint-Honoré, 119.	Pascal.	9205
1850, Sept. 18	GOGNIOUX, Balthazard, marchand de vin, à Saint-Mandé.	Heurtey.	9615
» Sept. 20	GUY, Sylvain, marchand de meubles, rue d'Argenteuil, 43.	Haussmann.	9618
» Oct. 8	GAGNY, Jean-Pierre-François, boulanger, rue Béthisy, 14.	Breuillard.	9630
» Nov. 5	GOBILLOT, Étienne-Georges, marchand de charbon, à Belleville, rue Constantine, 8.	Richomme.	9664
» Oct. 18	GOURNAY, tailleur, rue de la Ferronnerie, 35.	Pascal.	9642
» Déc. 2	GUERCHOUX, Henri, fabricant de poupées, rue Michel-le-Comte, 27.	Breuillard.	9684
» Déc. 17	GALISSET, Henri, marchand voyageur, rue des Marais-Saint-Martin, 64.	Hérou.	9702

DATES des Jugements déclaratifs de faillite.	NOMS, PRÉNOMS, PROFESSIONS ET DEMEURES DES FAILLIS.	NOMS DES SYNDICS.	Nos du Greffe.
1850. Juin 28	GIRARDOT, marchand de bois, à La Villette.	Decagny.	9530
» Juill. 15	GRÉGEOIS, fabricant de chapeaux de paille, rue Bourbon-Villeneuve, 51.	Lefrançois.	9550
» » »	GAUTET, Louis, chemisier, passage des Panoramas, 8.	Portal.	

H.

1849. Déc. 28	HUARD, Alexis-Félix, épicier, rue de Bussy, 12.	Sergent.	9252
1850. Janv. 15	HANOTEAU, Timothée-Henri, tailleur, rue des Bons-Enfants, 10.	Pellerin.	9279
» » 17	HUILLIOT aîné, Théodore-Léonard, anc. nég. en dentelles, à Batignolles, rue de l'Église, 12.	Hérou.	9292
» Mars 19	HOUSIAUX, Charles, fabricant de chaussures sans coutures, rue Bergère, 30.	Lefrançois.	9390
1849. Juin 29	HERMANN frères, négociants, rue Saint-Joseph, 17.	I.I.	8891
1850. Avril 22	HUILLET, Joseph, mercier, rue Saint-Antoine, 135.	Huet.	9441
» » 10	HUGUET, bourrelier, rue du Ponceau, 20.	Hénin.	9423
» Juin 6	HEMONT, Antoine-Auguste, entrepreneur de transports par eau, à Neuilly.	Baudouin.	9497
1849. Oct. 30	HEIM, Gabriel, ancien commissionnaire de roulage, rue des Marais-Saint-Martin, 29.	Duval Vaucluse	9128
1850. Juin 21	HALDER père, Joseph, serrurier, rue du 24 Février, 30.	Geoffroy.	9517
» Juill. 25	HUSSON, Charles-René, fabricant de perles en acier, rue Fontaine-du-Temple, 16.	Lecomte.	9561
» » 30	HIGONNET, ancien fabricant de plâtre, à Belleville, maintenant rue Samson, 5.	Battarel.	9568

4

DATES des jugements déclaratifs de faillite.	NOMS, PRÉNOMS, PROFESSIONS ET DEMEURES DES FAILLIS.	NOMS DES SYNDICS.	N° du Greffe.
1850. Sept. 20	HERMANN frères, banquiers, rue de Las-Cazes, 19.	Lefrançois.	9617
» Oct. 2	HUVEY, Louis-Pierre, marchand de vin, rue Hauteville, 61.	Portal.	9625
» » 29	HERMANT (dame), limonadière, à Montmartre, place du Théâtre.	Hénin.	9657
» Nov. 28	HERVÉOU (dame), fabricante de broderies, rue Saint-Denis, 227.	Crampel.	9682
» Déc. 16	HEBERT, Victor-Edouard, chapelier, rue Saint-André-des-Arts, 3.	Huet.	9701
» » »	HORLIAC, Louis-Mathias, carrier, à Saint-Maurice.	Sergent.	9559

J.

1850. Fév. 12	JOUBERT, Aimable-Magloire, éditeur, rue des Grès, 11.	Portal.	9338
» » 15	JEUNIN, Pierre-Marie, glacier, rue de la Concorde, 22.	Gromort.	9345
» Mars 18	JOUSSELIN, Jules-Vincent, marchand de vin, à Maison-Alfort.	Breuillard.	9385
» Juin 18	JULIOT dit Lamant, fabricant de camées, rue Phelippeaux, 36.	Portal.	9511
» Nov. 15	JACOB, Hippolyte, marchand de nouveautés, rue de la Chaussée-d'Antin, 1.	Id.	9671

K.

» Mai 2	KULIKOWSKI, Florian-Florentin, hôtelier, rue des Fossés-Saint-Victor, 15.	Geoffroy.	9450

DATES des jugements déclaratifs de faillite.	NOMS, PRÉNOMS, PROFESSIONS ET DEMEURES DES FAILLIS.	NOMS DES SYNDICS.	Nos du Greffe.
1850. Mai 21	KIEFFER, facteur de pianos, à Montmartre, rue Saint-André, 15.	Sannier.	9477
» Sept. 2	KRAC, François, entrepreneur de peintures, rue Saint-Honoré, 343.	Baudouin.	9602

L.

1850.	LUCOTTE, boulanger, à la Villette, rue Drouin-Quintaine, 24.	Heurtey.	9532
1849. Déc. 14	LEGUAY, entrepreneur de couvertures, à Batignolles, rue St-Etienne-Prolongée, 6.	Portal.	9084
» » 28	LÉOFOLD, charcutier, rue du Faubourg-du-Temple, 80.	Herou.	9250
1850. Janv. 11	LAMARRE, François-Élie, faïencier, rue Grenier-Saint-Lazare, 6.	Doulet.	9276
» » 11	LANGLOIS (veuve), marchande de vins, rue de Vaugirard, 102.	Henrionnet.	9277
1849. Déc. 31	LUUYT, banquier, rue Taitbout, 41.	Duval Vaucluse	9254
1850. Janv. 16	LEDUC, François-Antoine, escompteur, à Montmartre, place de la Mairie.	Lefrançois.	9285
» » 18	LIRÉ, Théodore, ferblantier, rue de l'Arbre-Sec, 42.	Pascal.	9293
» » 23	LEROUX, Edouard, négociant, à La Villette, quai de la Loire, 62.	Pellerin.	9298
» » 21	LECLERC, Henri, fabricant d'appareils hydrauliques, quai Valmy, 105.	Lefrançois.	9296
» Fév. 8	LAMOTTE, Jean-André, menuisier, à Montmartre, chaussée Clignancourt, 14.	Henrionnet.	9331
» » 26	LÉOUTRE et Cⁱᵉ, société du journal *la Réforme*, rue J.-J.-Rousseau, 3.	Doulet.	9357
» Mars 1ᵉʳ	LINSLER jeune, Simon, fabricant de parquets mécaniques, rue Moreau, 3.	Geoffroy.	9366

DATES des jugements déclaratifs de faillite.	NOMS, PRÉNOMS, PROFESSIONS ET DEMEURES DES FAILLIS.	NOMS DES SYNDICS.	Nos du Greffe.
1850. Mars 6	LEDET dit LEDÉ, serrurier, rue du Val-Ste-Catherine, 11,	Tiphagne.	9370
» » 8	LEMOYNE, Charles-Pélagie, marchand de vin, passage Brady, 18.	Millet.	9374
» Fév. 13	LEFÈVRE aîné, Louis-Hubert-Paterne, marchand de vin, rue d'Amsterdam, 28.	Breuillard.	9340
» Mars 22	LERIVEREND, Victor-Louis, ancien march. de prod. chim., rue des Enfants-Rouges, 8.	Portal.	9393
1848. » 5	LETHORÉ, Hippolyte, ancien épicier, à Passy, rue de Lonchamps, 8.	Pascal.	8202
1849. Nov. 8	LEMAISTRE, François-Georges-Alphonse, négociant, rue de Trévise, 38.	Tiphagne.	9148
» Déc. 28	LACASSAGNE, entrepreneur de bâtiments, rue de la Tour-d'Auvergne, 11.	Thiébaut.	9251
1850. Janv. 21	LAGARDERE, Pascal, serrurier, rue du Cœur-Volant, 10.	Kréchel.	9309
» Avril 15	LARDY (Dlle), Henriette, marchande de modes, rue Saint-Honoré, 323.	Richomme.	9429
» » 15	LEGRAND (Dlle), Adélaïde-Constance, marchande de café, rue du F.-Poissonnière, 24.	Hérou.	9430
» » 19	LOCQUET, Augustin-Romain-Joseph, corroyeur, rue du Faub.-St-Antoine, 142.	Decagny.	9438
1849. » 25	LEBEAU, François-Victor, fondeur en cuivre, rue des Amandiers, 7.	Portal.	8776
1850. avril 18	LAMY, négociant, à La Villette, rue de Flandre, 18.	Lecomte.	9437
» Mars 27	LEFRANC, entrepreneur de bâtiments, rue Duperré, 24, ci-devant à Passy.	Boulet.	9409
1849. Nov. 16	LIEUX aîné, graveur, rue des Petits-Champs-Saint-Martin, 31.	Breuillard.	9167
1850. Mai 8	LEGENDRE, Charles, marchand de bois, rue du Grand-Chantier, 6.	Battarel.	9459
» » 8	LEFEBVRE, Désiré-Victor, ancien bonnetier, rue Boucher, 6.	Baudouin.	9462
» Juin 4	LANGLAIS, commerçant, passage Vendôme, 28.	Battarel.	9491

DATES des Jugements déclaratifs de faillite.	NOMS, PRÉNOMS, PROFESSIONS ET DEMEURES DES FAILLIS.	NOMS DES SYNDICS.	Nos du Greffe.
1850, Juin 17	LEMAIRE, Emile-César-Constant, fabricant d'étoffes pour gilets, rue Albouy, 14.	Huet.	9510
» » 20	LÉVY, Jacques, marchand de nouveautés, rue Rambuteau, 56.	Richomme.	9513
» » 21	LEMAIRE, Théophile-Auguste, jardinier, impasse de la Pompe, 19.	Huet.	9518
» » 21	LASNE aîné, Nicolas-Charles, négociant, rue Paradis, au Marais, 10.	Rastoin de Brémont.	9516
» » 21	LAVOIPIÈRE, Charles-François, ancien boulanger, rue Popincourt, 57.	Thiébaut.	9522
» » 27	LÉVESQUE frères, marchands de fers, faubourg Saint-Denis, 108.	Sannier.	9527
» Mars 5	LEPOITEVIN frères, négociants, rue Vivienne, 19.	Haussmann.	9367
» Juill. 5	LEPERS, Jean-Baptiste-Joseph, marchand de toiles, rue du Chevalier-du-Guet, 10.	Heurtey.	9540
» » 16	LESUEUR, Louis-Désiré, parfumeur, rue Caumartin, 35.	Tiphagne.	9553
» » 19	LARROUDÉ, Jean-Jacques, marchand de vin, rue Vieille-du-Temple, 56.	Portal.	9558
» Juin 27	LESIMPLE, boulanger, à Gravelle, commune de Saint-Maurice.	Id.	9528
» Juill. 30	LEBON (veuve), marchande des quatre-saisons, rue des Deux-Boules, 2.	Richomme.	9567
» Juin 25	LAVAUD et compagnie, négociants, cité Trévise, 5.	Lecomte.	9525
» Août 20	LAVERRIÈRE, marchand de vin en gros, à Bercy, rue Grange-aux-Merciers, 45.	Sannier.	9585
» Sept. 13	LABARTHE, Bernard, marchand de vin, à Vaugirard, boulevart des Paillassons, 10 bis.	Kréchel.	9613
» Oct. 29	LESOURD, François, marchand de vin, rue de l'Hôtel-de-Ville, 70.	Decagny.	9658
» Nov. 5	LHOTE (veuve), marchande de vin, à Batignolles, maintenant r. St-Nicolas-d'Antin, 40.	Sannier.	9665
» » 12	LOUVET et compagnie, association de cuisiniers, à Charonne.	Boulet.	9670

DATES des jugements déclaratifs de faillite.	NOMS, PRÉNOMS, PROFESSIONS ET DEMEURES DES FAILLIS.	NOMS DES SYNDICS.	Nos du Greffe.
1850. Déc. 5	LETULLE, Pierre, ancien entrepreneur de vidanges, à Batignolles.	Magnier.	9686
» » 11	LABENSKI, Jean, fabricant d'appareils à gaz, passage du Saumon, galerie des bains.	Pascal.	9696
» » 20	LETULLE, Guillaume-Cynerius, limonadier, boulevart Saint-Denis, 16.	Sannier.	9704
» » 21	LESTIEVANT, Isidore, marchand de vin, rue Pavée-Saint-Sauveur, 8.	Portal.	9709
» Sept. 6	LELIÈVRE, Adolphe, boulanger, rue Neuve-Saint-Eustache, 30.	Boulet.	9607
» Juin 28	LEROY et GIRARDOT, marchand de bois, à La Villette.	Decagny.	9530
»	LAIDET, Pierre-Rémy, serrurier, rue du Val-Sainte-Catherine, 11.	Tiphagne.	

M.

185\.	MAUPERRIN, fabricant de cigarres, rue Pierre-Levée, 10.		9486
» Janv. 7	MAILLY, Jean-Baptiste, tailleur, rue Vivienne, 36.	Maillet.	9261
1849. Nov. 27	MOUTIER, Victor-Nicolas-Armand, marchand de vin, faubourg Poissonnière, 64.	Breuillard.	9183
1850. Janv. 9	MOREAU, Louis, passementier, rue Geoffroy-Langevin, 7.	Huet.	9269
1849. Juin 4	MONJAUZE, Martial, commissionnaire en marchandises, rue de Mulhouse, 9.	Pascal.	8827
» Nov. 13	MOSNY fils, Charles-Louis, marchand de vin-traiteur, à Montrouge, r. d'Orléans, 29.	Pellerin.	9158
1850. Janv. 15	MESNARD, Jean, corroyeur, rue Mondétour, 31.	Decagny.	9281
1849. Oct. 16	MOIGNET, Charles-Emmanuel, entrepreneur de bains, à Belleville.	Millet.	9097

DATES des Jugements déclaratifs de faillite.	NOMS, PRÉNOMS, PROFESSIONS ET DEMEURES DES FAILLIS.	NOMS DES SYNDICS.	Nos du Greffe.
1850. Janv. 17	MASSON (dame), hôtelière, cité Bergère, 2 bis.	Huet.	9268
» Fév. 4	MONTARDIER, Désiré, facteur de pianos, à La Chapelle, rue des Poissonniers, 18.	Maillet.	9319
» » 5	MONARD, François-Théodore, marchand de tulles en gros, rue des Jeuneurs, 4.	Lecomte.	9321
» Janv. 31	MOUIX - LEMARQUANT, marchand de draps, rue Saint-Martin, 277.	Huet.	9297
» Fév. 23	MERMILLOD, Jean-Claude, serrurier, rue Saint-Philippe-Sain -Martin, 1.	Tiphagne.	9356
» » 18	MARTIN, Louis-Paul, marchand de vin, rue du Pont-de-la-Réforme, 38.	Huet.	9349
» » 27	MUTET, Joseph, tailleur, boulevart Montmartre, 5.	Tiphagne.	9359
» Mars 1er	MAIRE, François, ancien ébéniste, à la manufacture des Gobelins.	Thiébaut.	9365
» » 5	MEUNIER et femme, marchand de vins logeurs, à Batignolles, rue de Puteaux, 16.	Kréchel.	9368
» » 8	MALLEROT (veuve), fabricante de chaussures, boulevart Saint-Martin, 67.	Tiphagne.	9376
» » 29	MABILDE, Laurent-Jacques, ancien négociant en dentelles, rue Saint-Nicaise.	Sannier.	9406
» Avril 8	MATHON, Jean-Baptiste-François-Xavier, limonadier, à Batignolles, rue de la Paix, 31.	Sergent.	9417
» » 10	MARCHAND, Eugène, cordier, à Batignolles, rue Saint-Louis, 50.	Lecomte.	9422
» » 11	MAULVAUT, Louis-Magloire, ancien boulanger, rue Saint-Honoré, 302.	Sergent.	9424
» Mai. 3	MONVOISIN, Jean-Claude, ancien négociant en bronzes, rue Montfaucon, 1.	Magnier.	9452
» » 15	MONTAUD et Ce, escompteur, rue Hauteville, 1.	Sergent.	9468
» » 15	MONTAUD, Joseph-François-César, escompteur, rue Hauteville, 1.	Id.	9469
1850. Mai 11	MERCHADIER, Jean, marchand de charbon, rue Neuve-Montmorency, 3.	Doulet.	9466

DATES des jugements déclaratifs de faillite.	NOMS, PRÉNOMS, PROFESSIONS ET DEMEURES DES FAILLIS.	NOMS DES SYNDICS.	Nos du Greffe.
» Juin 17	MONTFOURNY, Pierre-Louis-Joseph, marchand de tissus imprimés, r. du Sentier, 32.	Rastoin de Brémont.	9506
» 17	MAILLARD, Louis-François, marchand de vin, à Courbevoie, rue Bezons, 10.	Heurtey.	9508
» » 21	MONTFOURNY frères, négociants, rue du Sentier, 32.	Rastoin de Brémont.	9515
» » 6	MICHEL, négociant, rue de Cléry, 50, maintenant rue Joquelet, 7.	Gromort.	9496
» Juill. 4	MINEUR, Alexandre-Henri, estampeur, rue de Malte, 30.	Breuillard.	9538
» 15	MORGE, Pierre-Adrien, anciennement fabricant d'étain, rue Guérin-Boisseau, 23.	Geoffroy.	9549
» Août 8	MIGNOT, Remi-Joseph, bonnetier, rue du Pont-aux-Choux, 21.	Baudouin.	9576
» » 16	MOULIN et femme, épiciers, rue Laffitte, 36.	Pascal.	9582
» Sept. 2	MISSONIER, Antoine, serrurier, chemin de ronde de la barrière de la Gare, 6.	Decagny.	9601
» » 3	MARKREICH aîné, Nathan, marchand de nouveautés, rue Brongniart, 3.	Millet.	9604
» Oct. 11	MILLAUD aîné, Samuel, marchand de nouveautés, rue du Cygne, 10.	Lefrançois.	9636
» » 29	MOREL, Charles-Louis, épicier, rue du Four-Saint-Honoré, 12.	Thiébaut.	9660
1849. Avril 17	MARION, négociant, à Gentilly.	Decagny.	8769
1850. Nov. 14	MINICH, Pierre-Hermann, ancien fabricant d'agrafes, à Pantin, rue des Pavillons, 3.	Portal.	9673
» » 26	MILLOT, Hippolyte, ancien négociant en trois-six, boulevart Bonne-Nouvelle.	Hénin.	9679
» » 26	MACHERET (dame), ancienne lingère, rue du Faubourg-Saint-Antoine, 52.	Thiébaut.	9680
» Déc. 5	MARTIN, Joseph, tailleur, rue du Havre, 4.	Richomme.	9688
» Août 6	MOY, tailleur, rue de Grenelle Saint-Honoré, 9.	Thiébaut.	9575

DATES des jugements déclaratifs de faillite.	NOMS, PRÉNOMS, PROFESSIONS ET DEMEURES DES FAILLIS.	NOMS DES SYNDICS.	Nos du Greffe.
1850. Nov. 15	MARESCOT, Eugène-Exupère, restaurateur, à Asnières.	Geoffroy.	9674
» Déc. 13	MALLARD et Cᵉ, fabricants de tissus, rue Beauvau, 17.	Decagny.	9698
» » 27	MEYER, Henri-Conrad, ancien directeur du Théâtre-National, boulev. du Temple, 39.	Breuillard.	9714
»	MEZIÈRES, Alexandre, commissionnaire en farines, rue de l'Echiquier, 14.	Thiébaut.	9327
»	MONEY, limonadier, rue Grange-aux-Belles, 24.	Geoffroy.	9600
»	MULOT (Dᴵˡᵉ), marchande de dentelles, rue Mazarine, 47.		9536

N.

1850. Mai 28	NAUDIN, Louis, entrepreneur de peintures, rue du Dragon, 15.	Rastoin de Brémont.	9483
» Juin 17	NIARD-BARELLIER et Cᵉ, entrepren. de constructions, boulevart Beaumarchais, 42.	Sergent.	9507
» Oct. 1ᵉʳ	NERMEL dit MARLY, Louis-Jean, entrep. de bains sur Seine, à Boulogne.	Henrionnet.	9623

O.

1850. Mai 21	OBERDOERFFER, Mathieu-Adolphe, bijoutier, rue Saint-Martin, 36.	Thiébaut.	9475

DATES des jugements déclaratifs de faillite.	NOMS, PRÉNOMS, PROFESSIONS ET DEMEURES DES FAILLIS.	NOMS DES SYNDICS.	Nos du Greffe.
	P.		
1850. Janv. 2	POSSIEN, Louis-François-Henri, épicier, rue du Faubourg-Saint-Martin, 192.	Heurley.	9255
» » 8	PANDELET (dame) dite LAFONT, tenant table d'hôte, rue Grange-Batelière, 34.	Magnier.	9262
» » 23	PELÉE, Pierre-Antoine, graveur, à Vaugirard, rue des Vignes, 5.	Huet.	9300
» Fév. 5	PÉRET, Guillaume, marchand de bois, rue d'Anjou-Saint-Honoré, 14 ou 44.	Breuillard.	9322
» » 11	PICARD, négociant, rue Saint-Jacques, 38.	Huet.	9334
» » 11	PARIS, Jean-Antoine-Victor, charron, à Belleville, rue Napoléon, 6.	Sergent.	9336
» » 28	PERNIN, Louis, serrurier, rue du Faubourg-Saint-Denis, 154.	Boulet.	9363
» Mai 3	POTEL, Louis-Pierre, épicier, rue du Pont-de-la-Réforme, 14.	Gromort.	9454
» » 8	PICOT et LUQUET, bijoutiers, rue Sainte-Elisabeth, 7.	Breuillard.	9460
» » 11	PITARD et TROPEY, droguistes, cour Batave, 18.	Hérou.	9467
» Fév.	PERET, Jean, marchand de bois, rue de la Pépinière, 43.	Breuillard.	9352
» Juin 24	POUSSIF, Jacques, marchand de vin, rue de la Tour-d'Auvergne, 3.	Kréchel.	9521
» Juill. 25	PIAT, Alexandre, apprêteur en tissus, à Arcueil, et à Paris, rue Saint-Sabin.	Thiébaut.	9562
» Juin 17	PASSAJON, commissionnaire en marchandises, rue Notre-Dame-des-Victoires, 26.	Hérou.	9505
» Août 13	PLANAT (Dlle), Gabrielle-Thérèse, marchande de modes, place Vendôme, 24.	Portal.	9580
» Sept. 5	PAYART, Gustave, épicier, rue de l'Ourcine, 20.	Henrionnet.	9606

DATES des jugements déclaratifs de faillite.	NOMS, PRÉNOMS, PROFESSIONS ET DEMEURES DES FAILLIS.	NOMS DES SYNDICS.	Nos du Greffe.
1850. Sept. 12	PIETTRE (dame), limonadière, rue Richelieu, 36.	Sannier.	9611
» » 24	PAILHOUX fils, Louis-Bernard, boulanger, à Neuilly, 179, avenue de la République.	Boulet.	9621
» Oct. 17	PATINOT, Charles-Edouard, fabr. de prod. de terre cuite, rue de Vaugirard, 97.	Duval Vaucluse	9638
» » 22	PIGET, Eugène-Claude, serrurier, rue de la Réforme, 40.	Pascal.	9644
» » 23	PRÉVOST, Joseph, fabricant de calottes, rue de Cléry, 54.	Henrionnet.	9648
» » 25	PLANCHADAUX, couvreur, rue Poupée, 10.	Millet.	9649
» 28	PIGNOT, Etienne, ferblantier, rue Saint-Julien-le-Pauvre, 5.	Sannier.	9655
» Nov. 8	PÉTERSEN, Valentin-Henri-Christian, tailleur, rue Saint-Honoré, 347.	Lecomte.	9668
1849. Sept. 25	POTONIÉ, scieur à la mécanique, quai Jemmapes, 230 bis.	Sannier.	9060
1850. avril 26	PINARD, François, marchand de meubles, rue de la Révolution, 23.	Pellerin.	9447

R.

1849. Déc. 18	RENET (Dlle), Eugénie, marchande de nouveautés, rue Richelieu, 83.	Breuillard.	9226
» » 14	RENON, Jean-François-Nicolas, épicier, rue Montorgueil, 67.	Pascal.	9220
» » 7	ROUX et compagnie, tapissiers, faubourg Poissonnière, 4.	Baudouin.	9206
1850. Janv. 8	ROES, Pierre, ancien marchand de vin, à Batignolles, avenue de Clichy, 65.	Pellerin.	9263
1849. Oct. 2	ROBIN, Pierre-Emile, bijoutier-horloger, boulevart Poissonnière, 23.	Millet.	9142

DATES des jugements déclaratifs de faillite.	NOMS, PRÉNOMS, PROFESSIONS ET DEMEURES DES FAILLIS.	NOMS DES SYNDICS.	Nos du Greffe.
1850. Mars 12	ROYER, Auguste, boucher, à Grenelle, rue du Commerce, 7.	Lecomte.	9381
» » 27	RENOUT, Jean-Marie, logeur, à La Chapelle-Saint-Denis, Grande-Rue, 155.	Hérou.	9403
» Avril 2	ROULAND (dame), couturière, rue Neuve-des-Mathurins, 49.	Doulet.	9412
1849. Déc. 14	ROUSSEL, Pierre-Eugène-Alphonse, fabricant de tissus, rue de Provence, 42.	Lefrançois.	9221
1850. Mai 8	ROQUET, Pierre-François, marchand de vin, rue du Four-Saint-Germain, 38.	Pellerin.	9461
» » 7	ROY frères et compagnie, marchands de vin, rue d'Aboukir, 56.	Gromort.	9457
» » 17	ROLIN frères, commissionnaires en bestiaux, quai Bourbon, 39.	Henrionnet.	9474
1849. » 9	ROCHER-LEMERY, Alfred, marchand de nouveautés, à Boulogne.	Magnier.	8790
1850. Juin 6	ROMAND, Jean-François, ancien négociant en mérinos, rue Cléry, 67.	Sannier.	9494
» Juill. 24	ROUSSEL, Etienne, ancien épicier, rue de l'Oratoire-du-Louvre, 10.	Sergent.	9560
» » 51	RAYNAL, Frédéric, marchand de vin, rue Mouffetard, 146.	Henrionnet.	9569
» Août 2	ROBERT, Tissot, monteur de boîtes, passage Hulot, 2.	Lefrançois.	9572
» Juill. 12	RATIVEAU, Adrien, boulanger à Auxerre, maintenant marchand de vin, à Vaugirard.	Decagny.	9547
» Août 11	RIBOT, Adolphe, plombier, rue de Moscou, 8.	Sergent.	9581
» » 26	RECLIN, Pierre, menuisier, à Gentilly, rue de la Glacière, 122.	Geoffroy.	9595
» » 50	ROUSSELLE, François, ancien voiturier, rue de la Roquette, 161.	Kréchel.	9598
» Oct. 5	ROGER, Adolphe, commissionnaire en farines, rue Coquillière, 36.	Doulet.	9626
» » 28	ROGNON, Pierre-Frédéric, marchand de vin, rue de Malte, 11.	Kréchel.	9655

DATES des jugements déclaratifs de faillite.	NOMS, PRÉNOMS, PROFESSIONS ET DEMEURES DES FAILLIS.	NOMS DES SYNDICS.	Nos du Greffe.
1850. Mai 7	ROY, Louis, marchand de vin, rue d'Aboukir, 56.	Cromort.	9458
» Nov. 27	RENAULT, Louis-Barthélemy, nourrisseur, à Grenelle, boulevard de la Cunette, 15.	Pellerin.	9681
» Déc. 13	ROMANETTE, Henri, commissionnaire en marchandises, rue des Vieux-Augustins, 63.	Lefrançois.	9699
» » 18	ROCHETTE, Antoine, marchand de levure, à Batignolles, rue des Dames, 55 et 61.	Tiphagne.	9703

S.

DATES des jugements déclaratifs de faillite.	NOMS, PRÉNOMS, PROFESSIONS ET DEMEURES DES FAILLIS.	NOMS DES SYNDICS.	Nos du Greffe.
1849. Mai 18	SIRVENT, cordonnier, rue des Amandiers, 80, à Belleville.	Geoffroy.	8800
» Déc. 28	SAVRY, serrurier, avenue de Clichy, 60, à Batignolles.	Pascal.	9253
1850. Mars 8	SAUVAGEOT (dame), lingère, rue Saint-Dominique, 82.	Sannier.	9373
» » 13	SAULNIER, Pierre, mécanicien, rue Saint-Ambroise-Popincourt, 5.	Geoffroy.	9386
» » 19	SUDRE (dame), limonadière, rue Saint-Honoré, 221.	Portal.	9389
» Fév. 26	SAUVÉ, Olivier, imprimeur, rue de la Harpe, 61.	Cromort.	9358
» Avril 17	SARDAILLON, Bernard, marchand de sarreaux, rue des Écrivains, 22.	Sergent.	9433
» Juin 13	SABE, Raymond, éditeur, rue de l'Éperon, 8.	Geoffroy.	9500
» » 3	SABATIER (demoiselle), entrepreneuse de franges de châles, rue Montmartre, 68.	Hérou.	9487
» » 21	SERVILLE (veuve), limonadière, à Passy, rue de la Montagne, 6.	Sannier.	9519
» Juill. 1er	STOFFER, Pierre-Alexis, peintre, rue Neuve-des-Mathurins, 50.	Pascal.	9534

DATES des jugements déclaratifs de faillite.	NOMS, PRÉNOMS, PROFESSIONS ET DEMEURES DES FAILLIS.	NOMS DES SYNDICS.	Nos du Greffe.
1850. Juill. 12	SIMON et dame DURANDIN, limonadiers, pavillon du Jeu-de-Boules.	Pellerin.	9545
» » 8	SÉGUIN et Cᵉ, société du gaz, rue Laffitte, 55.	Geoffroy.	9539
1849. Nov. 8	SORET, restaurateur, rue Marivaux-Italiens, 9.	Kréchel.	9147
1850. Août 13	SORIN, Jean-Baptiste-Sylvain, éditeur, impasse Sourdis, 3.	Dreuillard.	9579
1849. Déc. 26	SUQUET et Cᵉ, société du journal *le Temps*, rue Chabannais, 5.	Pascal.	9244
1850. Janv. 2	SCOTTLANDER et MIDDLETON, commissionnaires en marchandises, cité Trévise, 7.	Magnier.	9256
1849. Oct. 25	SOUFFLET, Jean-Jacques, serrurier, à La Chapelle, Grande-Rue, 67.	Hérou.	9650
» Déc. 5	SOULIER, André-Gabriel, marchand de vin, à Montrouge, chaussée-du Maine.	Kréchel.	9687
» » 26	SOUDRY, négociant, rue Saint-Victor, 83.	Sergent.	9712
» Juill. 1ᵉʳ	SANDY, Frédéric-Edouard, horloger, rue du Coq-Saint-Honoré, 15.	Kréchel.	9535
»	SIMON et Cᵉ, société dite la Parmentière, rue des Martyrs, 28.	Geoffroy.	9624

T.

1849. Déc. 26	THOMAS, Pierre-Jean-François, traiteur, rue Neuve-Coquenard, 18.	Richomme.	9242
1850. Avril 5	THÉBERGE frères, négociants, rue Neuve-Saint-Eustache, 7,	Henrionnet.	9416
» » 12	TEILLON, Gilbert, marchand de vin, rue Saint-Georges, 45.	Pascal.	9428
» Mai 13	TURGARD, Antoine-Auguste, rue Grange-aux-Belles, 53.	Huet.	9465

DATES des jugements déclaratifs de faillite.	NOMS, PRÉNOMS, PROFESSIONS ET DEMEURES DES FAILLIS.	NOMS DES SYNDICS.	Nos du Greffe.
1850. Juin 4	TÉTOT et femme, jardiniers, à Charonne, rue de Lagny, 31.	Kréchel.	9482
» » 17	THIVIER, Jules, ancien négociant en draperie, rue des Trois-Frères, 15.	Gromort.	9509
» » 24	TRIDON, Joseph, marchand de vin, allée des Veures, 63.	Breuillard.	9523
» » 28	TEXIER, peintre en voitures, impasse Laborde, 9.	Lefrançois.	9529
» » 28	TRIT, Charles-Ernest, entrepreneur de bâtiments, rue Laval, 21.	Battarel.	9531
» Janv. 17	TALBOTIER, Victor, agent d'affaires, rue de Bondy, 50.	Baudouin.	9291
» Sept. 10	THONIEL D'HELLE et Ce, fabricants de wagons, rue Caumartin, 7.	Maillet.	9610
» Oct. 29	THOMAS, Louis-Alexandre, limonadier, quai des Ormes, 26.	Portal.	9659
» Mars 26	TOICOTEL, Honoré-Théophile, ancien limonadier, rue Richelieu, 36.	Pellerin.	9399
» Juin	TOUSSAINT, limonadier, rue de Rohan, 26.		9495

V.

1849. Déc. 19	VALDENAIRE, négociant, ayant demeuré rue Blanche, 65.	Heurtey.	9236
1850. Janv. 9	VÉRON et MOREAU, passementiers, rue Geoffroy-Langevin, 7.	Huet.	9267
» » 9	VÉRON, Charles-Marin, passementier, rue Geoffroy-Langevin, 7.	Id.	9268
1849. Juill. 25	VACHER, marchand de meubles, rue Caumartin, 1.	Sergent.	8940
1850. Fév. 1er	VERD, Mucius-Scevola, fabricant de brosses, rue Saint-Denis, 250.	Herou.	9314

DATES des Jugements déclaratifs de faillite.	NOMS, PRÉNOMS, PROFESSIONS ET DEMEURES DES FAILLIS.	NOMS DES SYNDICS.	Nos du Greffe.
1849. Nov. 21	VALOT, changeur, cloître Saint-Honoré, 2.	Geoffroy.	9055
1850. Juin 4	VARENNES, François, terrassier, à La Chapelle-Saint-Denis.	Hénin.	9493
» Juill. 8	VILA KOENIG, opticien, rue des Gravilliers, 7.	Huet.	9541
» » 26	VERGÉ, Charles-Pierre, tapissier, boulevart de la Madeleine, 15.	Gromort.	9565

W.

1850. Janv. 15	WRIGHT, Georges-Henri, commissionnaire en droguerie, rue de Provence, 1.	Portal.	9282
» Fév. 19	WAIDEL, décédé, rue du Jardin-des-Plantes, 9.	Id.	9351
» Juill. 1er	WEBER, Daniel, ébéniste, rue des Trois-Bornes, 36.	Hénin.	9533
» Nov. 15	WERNET fils, Antoine-Bernard, cirier, rue du Bac, 32.	Magnier.	9675
» Déc. 6	WAGON, Amable, tailleur, boulevart des Italiens, 17.	Portal.	9689
» » 24	WEGMANN (veuve) et fils, tailleurs, rue Saint-Marc, 14.	Huet.	9707

Z.

1850. Mars 15	ZENDRE, maître de poste, à Saint-Denis.	Heurtey.	9384

CONCORDATS

OBTENUS ET HOMOLOGUÉS

ET

RAPPORT DE FAILLITES.

———

ARNOUX, François, commissionnaire en marchandises, 40, rue de l'Echiquier. — Jugement du 12 septembre 1850 qui homologue le concordat passé entre lui et ses créanciers le 28 août 1850.

Conditions sommaires.

Obligation par le sieur Arnoux de payer à ses créanciers 15 p. 100 de ce qui leur est dû en principal, intérêts et frais, en cinq paiements égaux, d'année en année, fin septembre des années 1851, 1852, 1853, 1854 et 1855; remise du surplus.

(9470 du greffe.)

AYMAT père, Jean, marchand de vins en gros aux Thernes, rue de l'Arcade, 21. — Jugement du 10 mars 1851 qui homologue le concordat passé entre lui et ses créanciers le 28 février 1851.

Conditions sommaires.

Remise au sieur Aymat par ses créanciers de 90 p. 100 et

de tous intérêts et frais. Les 10 p. 100 non remis payables en deux fractions de 5 p. 100, le 1er mars des années 1852 et 1853.   (9690 du greffe.)

BENOIT, Emma (Dlle), marchande de nouveautés, 83, rue Richelieu. — Jugement du 18 avril 1850 qui homologue le concordat passé entre elle et ses créanciers le 3 avril même mois.

Conditions sommaires.

Remise par les créanciers, et sous réserves, de 98 p. 100 sur le montant de leurs créances. Les 2 p. 100 non remis payables en trois ans, par tiers, d'année en année, à compter du 3 avril 1850.   (9227 du greffe.)

BESNARD, Gabriel, marchand de lait crémier à la Chapelle-Saint-Denis, rue des Couronnes, 49. — Jugement du 9 juillet 1850 qui homologue le concordat passé entre Besnard et ses créanciers le 26 juin 1850.

Conditions sommaires.

Remise au sieur Besnard par ses créanciers de 85 p. 100 en principal, intérêts et frais. Les 15 p. 100 restant payables en cinq paiements de 3 p. 100, le 26 juin des années 1851, 1852, 1853, 1854 et 1855.   (9294 du greffe.)

BLANCHIN aîné, François-Sébastien, mécanicien, quai Valmy, 125. — Jugement du 1er mai 1850 qui déclare dissoute l'union de la faillite du sieur Blanchin, et ordonne que le syndic rendra compte de sa gestion, et qu'il fera remise à Blanchin de son actif et de ses titres et papiers, quoi faisant bien déchargé.   (9272 du greffe.)

BESLAY, Charles-Victor, mécanicien, rue Neuve-Popincourt, 17, et rue de l'Est, 20. — Jugement du 14 mai 1850 qui homologue le concordat du 29 avril 1850 passé entre Beslay et ses créanciers.

Conditions sommaires.

Remise au sieur Beslay de 80 p. 100 en principal, intérêts et frais. Les 20 p. 100 non remis payables en quatre termes : deux de 4 p. 100, les 1er juillet 1851 et 1852; et deux de 6 p. 100, les 1er juillet 1853 et 1854. — Obligation prise en outre par le sieur Beslay de remettre à ses créanciers l'excédant que produira la liquidation de son actif, s'il excède les 20 p. 100 promis.   (9301 du greffe.)

BAQUET, Louis, épicier à Belleville, boulevart du Combat, 34. — Jugement du 14 mai 1850, lequel homologue le concordat passé entre le sieur Baquet et ses créanciers le 16 avril 1850.

Conditions sommaires.

Remise au sieur Baquet de tous frais et intérêts et de 50 p. 100. Les 50 p. 100 non remis payables en cinq ans, par cinquièmes, d'année en année, à partir du 16 avril 1850. — Interdiction au sieur Baquet de céder et vendre son fonds de commerce jusqu'à parfait paiement des dividendes.
                              (9303 du greffe.)

BOUÉ, Victor-Balbin, ancien entrepreneur de bâtiments, rue Ville-l'Evêque, 42. — Jugement du 12 juillet 1850 qui homologue le concordat passé entre le sieur Boué et ses créanciers le 25 juin 1850.

Conditions sommaires.

Remise au sieur Boué de 85 p. 100 en principal, intérêts et frais. Les 15 p. 100 restants payables en trois paiements de 5 p. 100, fin septembre des années 1851, 1852 et 1853.

(9316 du greffe.)

BERNIER, Clovis, bonnetier, rue Saint-Martin, 30 ou 32. — Jugement du 16 juillet 1850 qui homologue le concordat passé entre le sieur Bernier et ses créanciers le 15 juin 1850.

Conditions sommaires.

Remise au sieur Bernier de 70 p. 100. Les 30 p. 100 restants payables : 10 p. 100 dans le délai d'un mois du 16 juillet 1850, et répartis par Sergent, syndic; 10 p. 100 dans un an, et 10 p. 100 dans deux ans à partir dudit jour. — Le deuxième dividende de 10 p. 100 garanti par M. Gaudrau, rue Vivienne, 10.   (9335 du greffe.)

Du sieur BASSOT, Georges, marchand de vins-traiteur, au bois de Romainville, route de Paris, 25. — Jugement du 1er octobre 1850, lequel homologue le concordat passé entre ledit sieur Bassot et ses créanciers le 9 septembre 1850.

Conditions sommaires.

Remise au sieur Bassot de 80 p. 100 en principal, intérêts, frais et accessoires. Les 20 p. 100 non remis payables par le sieur Bassot en quatre paiements de 5 p. 100, d'année en année, pour le premier paiement avoir lieu le 1er octobre 1851.

(9344 du greffe.)

BENOIT, Germain-Florentin, serrurier, rue Saint-Germain-l'Auxerrois, 26. — Jugement du 17 mai 1850, lequel homologue le concordat passé entre le sieur Benoit et ses créanciers le 18 avril 1850.

Conditions sommaires.

Remise de tous intérêts et frais et de 60 p. 100 sur le principal. Les 40 p. 100 non remis payables en six ans, comme suit : 6 p. 100 les 15 avril 1851 et 1852, et 7 p. 100 les 15 avril des années 1853, 1854, 1855 et 1856. (9130 du greffe.)

BOUCHERON fils, René-Maximilien-Etienne, serrurier en articles de voyage, rue du Parc, 1. — Jugement du 1er octobre 1850, lequel homologue le concordat passé entre le sieur Boucheron et ses créanciers le 16 août 1850.

Conditions sommaires.

Remise au sieur Boucheron des intérêts échus et à échoir. Obligation par lui de payer à ses créanciers le montant de leurs créances en principal et frais, par cinquièmes, d'année en année, pour le premier paiement avoir lieu le 31 décembre 1851.

. (9395 du greffe)

BLESSON, Louis-Edouard, entrepreneur de peinture, rue aux Ours, 36. — Jugement du 12 août 1850, lequel homologue le concordat passé entre le sieur Blesson et ses créanciers le 24 juillet 1850.

Conditions sommaires.

Remise audit sieur Blesson de tous intérêts et frais et de 85 p. 100 sur le capital. Les 15 p. 100 non remis payables en trois ans, par tiers, les 15 septembre 1851, 1852 et 1853.

(9411 du greffe.)

BOURRIÉ, Laurent, tenant l'hôtel de Bayonne, rue Neuve-Saint-Eustache, 9. — Jugement du 20 sept. 1850 qui homologue le concordat passé entre le sieur Bourrié et ses créanciers le 6 septembre même mois.

Conditions sommaires.

Remise audit sieur Bourrié de tous intérêts et frais et de 90 p. 100 sur le capital. Les 10 p. 100 non remis payables par le sieur Bourrié : 5 p. 100 le 1er octobre 1852 et 5 p. 100 le 1er octobre 1853.   (9420 du greffe.)

BLANCHARD, Louis-Joseph, corroyeur-hongroyeur, rue Guérin-Boisseau, 11, en son nom personnel, comme liquidateur de la société Blanchard et compagnie. — Jugement du 24 décembre 1850, lequel homologue le concordat passé entre ledit sieur Blanchard et ses créanciers le 11 décembre 1850.

Conditions sommaires.

Remise au sieur Blanchard des intérêts et frais non admis, le surplus payable : 25 p. 100 quatre mois après, le 24 décembre 1850, 15 p. 100 seize mois après ledit jour, et 12 p. 100 d'année en année, à partir du dernier terme jusqu'à parfait paiement. (9445 du greffe.)

BLANCHARD et compagnie, corroyeurs-hongroyeurs, rue Guérin-Boisseau, 11. — Jugement du 24 décembre 1850, lequel homologue le concordat passé entre ladite société Blanchard et compagnie et ses créanciers le 11 décembre 1850.

Conditions sommaires.

Absolument les mêmes que celles de celui de Blanchard personnellement. (9446 du greffe.)

BLIN, Louis, et demoiselle Geneviève-Denise DULION, son épouse, anciens marchands de salines et fromages, rue Pavée-Saint-Sauveur, 2. — Jugement du 20 octobre 1850, lequel homologue le concordat passé entre les sieur et dame Blin et leurs créanciers le 12 octobre même mois.

Conditions sommaires.

Remise aux sieur et dame Blin de tous intérêts et frais non admis. Obligation solidaire par eux de payer le montant intégral de leurs créances en capital seulement, en six ans, par sixièmes, d'année en année, à partir du 12 octobre 1850.

(9260 du greffe.)

BIGI, Charles, tenant table d'hôte, rue Grammont, 27. — Jugement du 28 août 1850, lequel homologue le concordat passé entre ledit sieur Bigi et ses créanciers le 30 juillet 1850.

Conditions sommaires.

Remise au sieur Bigi de tous intérêts et frais non admis et de 75 p. 100 sur le capital. Les 25 p. 100 non remis payables par sept paiements de 2 1/2 p. 100 les 1er mai 1851, 1er février et mai des années 1852, 1853 et 1854; 3 1/2 p. 100 le 1er février 1855 et 4 p. 100 le 1er mai de ladite année. M. Feugeas nommé commissaire à l'effet de répartir. (9451 du greffe.)

BURNAND, David, marchand de vin traiteur, rue Béthisy, 8. — Jugement du 6 janvier 1851, lequel homologue le concordat du 19 décembre 1850 passé entre le sieur Burnand et ses créanciers.

Conditions sommaires.

Remise audit sieur Burnand des intérêts et frais non admis et de 90 p. 100. Les 10 p. 100 non remis payables par lui en quatre ans, par quarts, d'année en année, à partir du 19 décembre 1850. (9456 du greffe.)

BOILEUX, Aimé-Alexandre, entrepreneur, rue de Douai, 1. — Jugement du 25 octobre 1850, lequel homologue le concordat passé entre ledit sieur Boileux et ses créanciers le 8 octobre même mois.

Conditions sommaires.

Remise de 95 p. 100 en principal, intérêts et frais. Les

5 p. 100 non remis payables en cinq paiements égaux le 1er janvier des années 1852, 1853 et suivantes.   (9013 du greffe.)

BARÇON, Pierre-Baptiste, marchand de vin logeur à Belleville, boulevard des Trois-Couronnes, 6. — Jugement du 10 octobre 1850, lequel homologue le concordat passé entre le sieur Barçon et ses créanciers le 21 septembre 1850.

Conditions sommaires.

Remise audit sieur Barçon de 90 p. 100 en principal, intérêts, frais et accessoires. Les 10 p. 100 non remis payables par lui en quatre ans, par quarts, les 22 septembre des années 1851, 1852, 1853 et 1854.   (9480 du greffe.)

BOURON, Charles, marchand de vin, rue de Sèvres, 59. — Jugement du 22 octobre 1850, lequel homologue le concordat passé entre le sieur Bouron et ses créanciers le 3 octobre même mois.

Conditions sommaires.

Obligation par Bouron de payer à ses créanciers 20 p. 100 à trois mois du 3 octobre 1850, et ce au moyen de la vente de son fonds de commerce, qu'il s'interdit de faire sans le concours de M. Filleul, boulevard Saint-Martin, 67, commissaire désigné; lequel, à défaut de vente dans ledit délai, réunira les créanciers, fera vendre le fonds et en répartira le produit dans les deux mois qui suivront la vente.   (9484 du greffe.)

6

BLANC, Pierre, tailleur, rue du 24 Février, 15.
— Jugement du 30 octobre 1850, lequel homologue le concordat passé entre le sieur Blanc et ses créanciers le 19 octobre, même mois.

Conditions sommaires.

Remise au sieur Blanc de tous intérêts et frais et de 70 p. 100 sur le capital. Les 30 p. 100 non remis payables par lui en trois ans et trois mois, par dividendes de 2 p. 100, de trois en trois mois, le premier dividende exigible fin février 1851. (9557 du greffe.)

BÉNARD, Jean-Baptiste-Auguste, mercier, rue du Caire, 21. — Jugement du 20 décembre 1850, lequel homologue le concordat passé entre le sieur Bénard et ses créanciers le 16 novembre 1850.

Conditions sommaires.

Obligation par Bénard de payer à ses créanciers 12 p. 100 de leurs créances en principal, intérêts et frais, par cinquièmes, d'année en année, à partir du 16 novembre 1850 ; au moyen de ce et de l'abandon de ses droits dans l'actif social Bénard et Dulieux, libération de Bénard. (9552 du greffe.)

BURCKARD, Charles-André, restaurateur place de la Bourse, 13. — Jugement du 12 novembre 1850, lequel homologue le concordat passé entre Burckard et ses créanciers le 30 octobre 1850.

Conditions sommaires.

Remise au sieur Burckard de 85 p. 100 en principal, intérêts et frais. Les 15 p. 100 non remis payables en cinq ans, par cinquièmes, d'année en année, pour le premier paiement avoir lieu le 1er novembre 1851. (9594 du greffe.)

BAZAILLE, Pierre, passementier, rue Rambuteau, 37. — Jugement du 25 novembre 1850, lequel homologue le concordat passé le 8 octobre 1850 entre le sieur Bazaille et ses créanciers.

Conditions sommaires.

Remise au sieur Bazaille des intérêts et frais non admis et de 70 p. 100 sur le capital. Les 30 p. 100 non remis payables en trois paiements égaux, d'année en année, à partir du 8 novembre 1850. (9586 du greffe.)

BÉQUET, Charles-Célestin, limonadier rue Neuve Saint-Augustin, 23. — Jugement du 23 décembre 1850, lequel homologue le concordat passé entre Béquet et ses créanciers le 13 décembre, même mois.

Conditions sommaires.

Remise au sieur Béquet de tous intérêts et frais et de 80 p. 100 sur le capital. Les 20 p. 100 non remis payables en quatre portions de 5 p. 100, les 1er juillet 1852, 1853, 1854 et 1855. (9605 du greffe.)

BERTRAND, Jules, tailleur, r. du 24 Février, 37. —Jugement du 31 décembre 1850, lequel homologue le concordat passé entre le sieur Bertrand et ses créanciers le 19 décembre, même mois.

Conditions sommaires.

Remise audit sieur Bertrand des intérêts et frais et de 50 p. 100 sur le capital. Les 50 p. 100 non remis payables par fractions de 5, 4 et 3 p. 100, fins juin, juillet, novembre et décembre des années 1851, 1852 et 1853. Interdiction de vente du fonds avant paiement des dividendes, sinon paiement d'iceux en touchant le prix du fonds. Le sieur Filleul, boulevard Saint-Martin, 67, nommé commissaire. (9635 du greffe.)

COPPIN, Louis, marchand de vin rue de Bretagne, 2. — Jugement du 20 juin 1850, lequel homologue le concordat passé le 25 mai 1850 entre le sieur Coppin et ses créanciers.

Conditions sommaires.

Remise audit sieur Coppin de tous intérêts et frais et de 75 p. 100 sur le capital. Les 25 p. 100 non remis payables par fractions de 5 p. 100, les 31 mai des années 1851, 1852, 1853, 1854 et 1855.   (9290 du greffe.)

CAZÉ, Constant-Florimoud, marchand de vin à Boulogne. — Jugement du 23 avril 1850, lequel homologue le concordat passé entre le sieur Cazé et ses créanciers le 5 avril 1850.

Conditions sommaires.

Remise audit sieur Cazé de tous intérêts et frais et de

85 p. 100. Les 15 p. 100 non remis payables 5 p. 100 dans un an, 5 p. 100 dans deux ans, et 5 p. 100 dans trois ans, à partir du jour du concordat.   (9308 du greffe.)

CURMER, Adolphe, et dame Marie-Anne-Eléonore Theubet-Lenoir, épiciers, rue Joquelet, 8. — Jugement du 22 mai 1850, lequel homologue le concordat passé entre eux et leurs créanciers le 6 mai 1850.

Conditions sommaires.

Remise aux sieur et dame Curmer de 80 p. 100 et de tous intérêts et frais. Les 20 p. 100 non remis payables en quatre ans par quart, pour le premier paiement avoir lieu le 6 mai 1851.   (9347 du greffe.)

COUTANT, Antoine-Victor, maître de forges à Ivry, quai prolongé, 11. — Jugement du 27 février 1851, qui homologue le concordat passé entre le sieur Coutant et ses créanciers, le 3 février 1851.

Conditions sommaires.

Remise audit sieur Coutant de tous intérêts et frais et de 50 p. 100. Les 50 p. 100 non remis payables en 5 paiements de 8 p. 100, fin mars des années 1852, 1853, 1854, 1855 et 1856, et un paiement de 10 p. 100 fin mars 1857.   (9360 du greffe.)

CHANTRIER frères, Edme-Etienne (aîné), distillateur, rue du Four-Saint-Honoré, 12, et Jean-Baptiste, employé, rue de la Planchette, 6. — Jugement du 4 novembre 1850, qui homologue le concordat passé entre les sieurs Chantrier frères et leurs créanciers le 17 octobre 1850.

Conditions sommaires.

Remise auxdits sieurs Chantrier frères de 85 p. 100 en principal, intérêts et frais. Les 15 p. 100 non remis payables sans intérêt par eux solidairement en cinq ans, par cinquièmes, fin décembre des années 1851, 1852 et suivantes.

(9086 du greffe.)

CHAMMARTIN, François-Gustave, Marchand de vin, rue Moreau, 31. — Jugement du 27 février 1851, lequel homologue le concordat passé entre le sieur Chammartin et ses créanciers le 19 décembre 1850.

Conditions sommaires.

Remise audit sieur Chammartin de 70 p. 100 en principal, intérêts et frais. Les 30 p. 100 non remis payables en quatre ans, par quart, d'année en année, du 19 décembre 1850, sans intérêts. (9418 du greffe.)

CORBIÈRE fils aîné (veuve), fabricante de produits chimiques à Issy, rue Chevreuse, 6. — Jugement du 10 mars 1851, lequel homologue le concordat du 13 janvier 1851 passé entre la dame veuve Corbière et ses créanciers.

Conditions sommaires.

Remise à ladite dame veuve Corbière de 65 p. 100 en principal, intérêts et frais. Les 35 p. 100 non remis payables 5 p.

100 aussitôt après l'homologation, et 5 p. 100 dans le courant de chacune des années 1851, 1852 et suivantes.—M. Corbière, propriétaire à Issy, rue Chevreuse, 6, caution solidaire des dividendes. — Rabier et Portal, commissaires, pour recevoir les dividendes et les payer aux créanciers.

(9432 du greffe.)

CROIZÉ, Isidore-Thomas, faïencier, rue Guy-Labrosse, 2. — Jugement du 21 août 1850, lequel homologue le concordat passé entre le sieur Croizé et ses créanciers le 30 juillet 1850.

Conditions sommaires.

Remise audit sieur Croizé de 60 p. 100 en capital, intérêts et frais. Les 40 p. 100 non remis payables en cinq années, par cinquièmes, le 1er septembre des années 1851, 1852, 1853, 1854 et 1855. (9427 du greffe.)

CHOLLET et Ce, négociants, rue Montmartre, 171. — Jugement du 28 novembre 1850, lequel homologue le concordat passé entre les sieurs Chollet et Ce et leurs créanciers le 14 novembre 1850.

Conditions sommaires.

Remise de tous intérêts et frais et de 80 p. 100 sur le capital. Les 20 p. 100 non remis payables en cinq ans, par cinquièmes, les 14 novembre 1851, 1852 et suivants.

(9490 du greffe.)

CARRÉ, Alfred, marchand de laines et canevas,

rue Rambuteau, 80.—Jugement du 8 novembre 1850, lequel homologue le concordat passé entre le sieur Carré et ses créanciers le 29 octobre 1850.

Conditions sommaires.

Abandon par le sieur Carré de tout son actif énoncé audit concordat. Obligation, en outre, par lui, de payer à ses créanciers un dividende de 10 p. 100, par quart, fin novembre des années 1851, 1852, 1853 et 1854.—Lefrançois, syndic, commissaire pour toucher et répartir. Remise par les créanciers de ce dont ils ne seront pas remplis.   (9526 du greffe.)

CHAULIN, Noël-Pierre, papetier, rue Saint-Honoré, 218. —Jugement du 28 janvier 1851, lequel homologue le concordat passé entre le sieur Chaulin et ses créanciers le 19 décembre 1850.

Conditions sommaires.

Remise audit sieur Chaulin de 95 p. 100 en principal, intérêts et frais. Les 5 p. 100 non remis payables sans intérêts en cinq ans, par cinquièmes, le 1er janvier des années 1852, 1853 et suivantes.   (9543 du greffe.)

CHAVY, Antoine, horloger à Bourg-la-Reine, Grande-Rue, 24. — Jugement du 29 novembre 1850, lequel homologue le concordat passé entre le sieur Chavy et ses créanciers le 19 novembre 1850.

Conditions sommaires.

Remise audit sieur Chavy de tous intérêts et frais et de 85

p. 100. Les 15 p. 100 non remis payables en trois ans, par tiers, d'année en année, à partir du 29 novembre 1850.

(9596 du greffe.)

COEUILLE, Ernest, marchand de dentelles, rue de la Banque, 17. — Jugement du 6 janvier 1851, lequel homologue le concordat passé entre le sieur Cœuilhe et ses créanciers le 27 décembre 1850.

Conditions sommaires.

Remise audit sieur Cœuilhe de 90 p. 100 en principal, intérêts et frais. Les 10 p. 100 non remis payables en quatre fractions de 2 et demi p. 100, de six en six mois, pour le premier paiement avoir lieu le 30 juin 1851. (9637 du greffe.)

DUMOULIN, Jean-Marie, tailleur, rue Saint-Lazare 82. — Jugement du 11 avril 1850, lequel homologue le concordat passé entre le sieur Dumoulin et ses créanciers le 28 mars 1850.

Conditions sommaires.

Remise audit sieur Dumoulin de tous intérêts et frais et de 70 p. 100 sur le capital. Les 30 p. 100 non remis payables en 4 paiements, savoir : 6 p. 100 fin mars 1851, 8 p. 100 fin mars 1852, 1853 et 1854. (9270 du greffe).

DEGUY, Pierre-Louis, entrepreneur de peinture, faubourg Saint-Honoré 180. — Jugement du 4 juin 1850, qui homologue le concordat passé, le 16 mai 1850, entre le sieur Deguy et ses créanciers.

Conditions sommaires.

Remise audit sieur Deguy des intérêts et frais et du capital non couvert au moyen de ce qui suit : 1° obligation par Deguy de payer à ses créanciers 40 p. 100 du montant de leurs créances en principal, en 6 paiements de 6 p. 100 les 31 décembre 1851 et 1852, et de 7 p. 100 le 31 décembre des années 1853 et suivantes; 2° abandon à ses créanciers, à concurrence de 60 p. 100, de tout son actif, excepté son mobilier, lequel actif sera réalisé et réparti par MM. Deguy et Sannier, nommés à cet effet.   (9275 du greffe).

DURANT, Laurent, épicier, rue de la Verrerie 55. — Jugement du 28 mai 1851, lequel homologue le concordat passé entre le sieur Durant et ses créanciers le 12 avril 1850.

Conditions sommaires.

Remise audit sieur Durant de 85 p. 100, en principal, intérêts et frais. Les 15 p. 100 non remis payables par tiers, le 1er mai des années 1851, 1852 et 1853.   (9299 du greffe).

DUBOIS, Victor, mécanicien en pianos et marchand de vin, rue de Charenton, 95.— Jugement du 8 octobre 1850, lequel homologue le concordat passé entre le sieur Dubois et ses créanciers le 27 septembre 1850.

Conditions sommaires.

Remise audit sieur Dubois de 80 p. 100 en principal, intérêts et frais. Les 20 p. 100 non remis payables en 4 paiements et en 4 ans, à compter du 1er janvier 1852.   (9304 du greffe.)

DENISOT, ancien marchand épicier, faubourg du Temple, 29 bis.—Jugement du 25 juin 1850, lequel homologue le concordat passé entre le sieur Denisot et ses créanciers le 28 mai 1850.

Conditions sommaires.

Remise audit sieur Denisot de 75 p. 100 et de tous intérêts et frais. Les 25 p. 100 non remis payables en 4 ans comme suit : 10 p. 100 le 1er juin 1851, et 5 p. 100 1er juin des années 1852, 1853 et 1854.   (9287 du greffe.)

DEBILLE, Aglaé (Dlle), mercière, rue Saint-Denis 341. — Jugement du 26 avril 1850, lequel homologue le concordat passé entre la demoiselle Debille et ses créanciers le 16 avril 1850.

Conditions sommaires.

Remise de tous intérêts et frais non admis et de 90 p. 100 sur le capital. Les 10 p. 100 non remis payables dans un an du jour du concordat et en un seul paiement.

(9333 du greffe.)

DUNOT, Armand-Charles, entrepreneur de peintures, 15, rue de la Tixéranderie.— Jugement du 4 septembre 1850, lequel homologue le concordat passé entre le sieur Dunot et ses créanciers le 13 août 1850.

Conditions sommaires.

Remise audit sieur Dunot de tous intérêts et frais non admis et de 70 p. 100 sur le capital. Les 30 p. 100 non remis payables en cinq ans, par cinquièmes, le 13 août des années 1851, 1852 et suivantes. Obligation par le sieur Dunot d'employer à l'acquit de ses dividendes, et sans égard aux termes, ce qui pourrait lui revenir sur le prix de vente d'une ferme à lui appartenant. M. Tugot, commissaire à cet effet.

Par jugement du 29 mai 1850, la faillite déclarée contre la dame Dunot a été rapportée.   (9346 du greffe.)

DERANCOURT, Louis-François (D⁰ V⁰), née Françoise-Désirée ADDE, entrepreneur de menuiserie, rue de Clichy, 54. — Jugement du 9 août 1850, lequel homologue le concordat passé entre la dame veuve Derancourt et ses créanciers le 17 juillet 1850.

Conditions sommaires.

Remise à la dame veuve Derancourt de tous intérêts et frais et de 85 p. 100. Les 15 p. 100 non remis payables : 3 p. 100 le 1er juillet 1851, et trois paiements de 4 p. 100, les 1er juillet 1852, 1853 et 1854.   (9388 du greffe.)

DEBOIS, tailleur, 4, rue Vivienne.—Jugement du 8 octobre 1850, lequel homologue le concordat passé entre le sieur Debois et ses créanciers le 19 juillet 1850.

Conditions sommaires.

Remise audit sieur Debois de 75 p. 100 en principal, intérêts et frais. Les 25 p. 100 non remis payables, sans intérêts, sur les sommes à provenir de la réalisation de l'actif de la faillite, réalisation qui sera faite par le sieur Corpet, ancien avoué, nommé commissaire à l'effet de réaliser et répartir toutes les fois que les encaissements suffiront à une répartition de 5 p. 100, frais, honoraires et priviléges préalablement payés. Le sieur Debois s'interdisant de disposer de son actif jusqu'au paiement intégral des dividendes. — Antériorité consentie au profit de la masse par Mme Debois. (9439 du greffe.)

DUFOUR, Marie-Mélanie, et Thérèse (D^lles), modistes, rue de la Paix, 10. — Jugement du 26 août 1850, lequel homologue le concordat passé entre les demoiselles Dufour et leurs créanciers le 8 août 1850.

Conditions sommaires.

Remise de 90 p. 100 en principal, intérêts et frais. Les 10 p. 100 non remis payables en trois ans, par sixièmes, de six en six mois, le premier sixième payable le 15 février 1851, et ainsi de suite. (9443 du greffe.)

DUBOIS, Lucien-Antoine, papetier, 38, rue Montaigne. — Jugement du 16 septembre 1850, lequel homologue le concordat passé entre le sieur Dubois et ses créanciers le 31 août 1850.

Conditions sommaires.

Remise audit sieur Dubois de 85 p. 100 en principal, intérêts et frais. Les 15 p. 100 non remis payables en trois paiements, par tiers, les 31 août 1852, 1853 et 1851. (9348 du greffe.)

DEGLARGE, Louis-Bernard, loueur de voitures, rue du Colysée, 19. — Jugement du 26 août 1850, lequel homologue le concordat passé entre le sieur Deglarge et ses créanciers le 7 août même mois.

Conditions sommaires.

Remise au sieur Deglarge de 80 p. 100 en principal, intérêts et frais. Les 20 p. 100 non remis payables en cinq ans, par cinquièmes, à compter du 7 août 1850. (9448 du greffe.)

DUTREIH, François-Adolphe, fabricant de bijouterie, rue d'Amboise, 5.—Jugement du 12 décembre 1850, lequel homologue le concordat passé entre le sieur Dutreih et ses créanciers le 29 novembre 1850.

Conditions sommaires.

Remise audit sieur Dutreih de 80 p. 100 et de tous intérêts et frais. Les 20 p. 100 non remis payables en quatre fractions de 5 p. 100, la première dans l'année qui suivra l'homologation, et ainsi de suite d'année en année.   (9453 du greffe.)

DULIEUX, Jean-Célestin-Nathalie, mercier, rue du Caire, 21. — Jugement du 20 décembre 1850, qui homologue le concordat passé entre le sieur Dulieux et ses créanciers le 16 novembre 1850.

Conditions sommaires.

Obligation par ledit sieur Dulieux de payer à ses créanciers 12 1/2 p. 100 de leurs créances en principal, intérêts et frais, par cinquièmes, d'année en année, à partir du 20 décembre

1850. Au moyen de ce, et de l'abandon de ses droits dans l'actif social Benard et Dulieux, libération dudit sieur Dulieux.

(9552 du greffe.)

DUVAL, Denis-Pierre, carrier à Vanves, rue d'Aval, 2. — Jugement du 9 janvier 1851, lequel homologue le concordat passé entre ledit sieur Duval et ses créanciers le 21 décembre 1850.

Conditions sommaires.

Remise au sieur Duval de 70 p. 100 et de tous intérêts et frais non admis. Les 30 p. 100 non remis payables en cinq paiements égaux, d'année en année, pour le premier paiement avoir lieu le 5 mars 1852.   (9594 du greffe.)

DUVAL, Jules, ancien marchand de tissus, boulevart Beaumarchais, 70. — Jugement du 20 décembre 1850, lequel homologue le concordat passé entre le sieur Duval et ses créanciers le 3 décembre 1850.

Conditions sommaires.

Remise audit sieur Duval de 90 p. 100 en principal, intérêts et frais. Les 10 p. 100 non remis payables le lendemain de l'homologation du concordat.   (9597 du greffe.)

DONZÉ, négociant, rue Saint-Denis, 249. — Jugement du 10 décembre 1850 qui rapporte la faillite dudit sieur Donzé, déclarée par autre jugement du 21 octobre 1850, et remet ledit sieur Donzé au même état qu'auparavant.

(9662 du greffe.)

FOURNIAL, Léonard, scieur de long, à Passy, Grande-Rue, 12. — Jugement du 26 novembre 1850, lequel homologue le concordat passé entre le sieur Fournial et ses créanciers le 5 novembre même mois.

Conditions sommaires.

Remise audit sieur Fournial de 75 p. 100 en principal, intérêts et frais. Les 25 p. 100 non remis payables, sans intérêts, en cinq ans, par cinquièmes, le 1er octobre des années 1852, 1853 et suivantes.   (9258 du greffe.)

FADIÉ, Jean-Joseph, serrurier, Faubourg-Poissonnière, 152. — Jugement du 5 juillet 1850, lequel homologue le concordat passé entre le sieur Fadier et ses créanciers le 11 juin 1850.

Conditions sommaires.

Remise audit sieur Fadié de 90 p. 100 en capital, intérêts et frais. Les 10 p. 100 non remis payables en quatre années, par quarts, à partir du 1er juillet 1851.   (9143 du greffe.)

FOURNIAL (De), Angélique - Geneviève - Désirée Huette, épouse de Léonard, épicière à Passy. — Jugement du 26 novembre 1850, qui homologue le concordat passé entre la dame Fournial et ses créanciers le 5 novembre 1850.

Conditions sommaires.

Remise à ladite dame Fournial de 80 p. 100. Les 20 p. 100 non remis payables en quatre ans, par quarts, le 1er octobre des années 1852, 1853 et suivantes.   (9315 du greffe.)

FINOT, Antoine-Victor, charpentier, rue de l'Ouest, 56. — Jugement du 17 janvier 1851, qui homologue le concordat passé entre le sieur Finot et ses créanciers le 17 décembre 1850.

Conditions sommaires.

Abandon par ledit sieur Finot du produit de la vente indiquée au concordat, pour le prix en provenant être réparti par le sieur Lefrançois, syndic, nommé commissaire. Obligation en outre par le sieur Finot de payer 10 p. 100, par quarts, d'année en année; le premier paiement au 1er janvier 1853. — Remise du surplus. (9391 du greffe.)

FOURNIER, Armand, ancien négociant-commissionnaire, 36, rue de l'Echiquier. — Jugement du 9 août 1850, lequel homologue le concordat passé entre le sieur Fournier et ses créanciers le 19 juillet 1850.

Conditions sommaires.

Remise audit sieur Fournier de tous intérêts et frais non admis et de 90 p. 100 sur le capital. Les 10 p. 100 non remis payables par le sieur Fournier en quatre ans, par quarts, pour le premier paiement avoir lieu le 19 juillet 1851.

(9444 du greffe.)

FRION, Marie-Anne LAMBAURIEN(De), épouse de Jacques, marchande au Temple, rue Charlot, 23. — Jugement du 16 août 1850, lequel homologue le concordat passé entre la dame Frion et ses créanciers le 3 août 1850.

7

Conditions sommaires.

Remise à ladite dame Frion de 80 p. 100 en principal, intérêts et frais. Les 20 p. 100 non remis payables 4 p. 100 chaque année, à partir du 3 août 1850.   (9478 du greffe.)

FORTIN, Louis-Prosper, épicier à Belleville, Grande-Rue, 35. — Jugement du 13 novembre 1850, lequel homologue le concordat passé entre le sieur Fortin et ses créanciers le 29 octobre 1850.

Conditions sommaires.

Remise audit sieur Fortin de tous intérêts et frais et de 50 p. 100 sur le principal. Les 50 p. 100 non remis payables par le sieur Fortin en cinq ans, par cinquièmes, le 1er novembre des années 1851, 1852 et suivantes.   (9520 du greffe.)

FÉRON, Onézime-Augustin, maçon, rue de Montreuil, 113. — Jugement du 30 décembre 1850, lequel homologue le concordat passé entre le sieur Féron et ses créanciers le 18 décembre même mois.

Conditions sommaires.

Remise de 75 p. 100 en principal, intérêts et frais. Les 25 p. 100 non remis payables en cinq ans, par cinquièmes, le 18 décembre des années 1851, 1852 et suivantes.

(9098 du greffe.)

FRANKE, Charles, fourreur, rue Tronchet, 9.— Jugement du 12 novembre 1850, lequel homologue le concordat passé le 2 novembre 1850 entre le sieur Franke et ses créanciers.

Conditions sommaires.

Remise audit sieur Franke des intérêts et frais et de 75 p. 100 du principal. Les 25 p. 100 non remis payables en quatre ans, par quart, le 1er décembre des années 1851, 1852, 1853 et 1854. (9584 du greffe.)

FOURNET, Jean, ancien marchand de papiers peints rue Sainte-Anne, 16. — Jugement du 17 décembre 1850, lequel homologue le concordat passé entre le sieur Fournet et ses créanciers le 3 du même mois.

Conditions sommaires.

Remise audit sieur Fournet de 84 p. 100 sur le principal et des intérêts et frais. Les 16 p. 100 non remis payables en quatre ans, par quart, les 1er décembre 1851, 1852, 1853 et 1854. Obligation solidaire, par la dame Fournet, épouse du failli, au paiement des dividendes ci-dessus. (9596 du greffe.)

GLUAIS, Pierre, parfumeur, boulevard des Capucines, 19. — Jugement du 23 avril 1850, lequel homologue le concordat passé entre le sieur Gluais et ses créanciers le 9 avril 1850.

Conditions sommaires.

Remise audit sieur Gluais de tous intérêts et frais non admis et de 84 p. 100. Les 16 p. 100 non remis payables en quatre ans, par quart, à partir de fin mai 1850.   (9278 du greffe.)

GAUTHIER, Etienne-Alexandre, limonadier rue Saint-André-des-Arts, 16. — Jugement du 21 juin 1850, lequel homologue le concordat passé entre le sieur Gauthier et ses créanciers le 22 mai 1850.

Conditions sommaires.

Remise audit sieur Gauthier de 75 p. 100 en principal, intérêts et frais. Les 25 p. 100 non remis payables en cinq ans, par cinquièmes, le 25 mai des années 1851, 1852 et suivantes.

(9317 du greffe.)

GENDRY, serrurier, rue Neuve-des-Mathurins, 25. — Jugement du 3 mai 1850, lequel homologue le concordat passé entre le sieur Gendry et ses créanciers le 3 avril 1850.

Conditions sommaires.

Remise audit sieur Gendry de 90 p. 100 en principal, intérêts et frais. Les 10 p. 100 non remis payables en quatre ans par fractions de 2 1/2 p. 100, pour le premier paiement avoir lieu dans un an du jour de l'homologation, et ainsi de suite d'année en année.   (9371 du greffe.)

GUÉRIN, Hilaire, serrurier, rue de Berry, 19. — Jugement du 13 septembre 1850, lequel homologue le concordat passé entre le sieur Guérin et ses créanciers le 25 juillet 1850.

Conditions sommaires.

Remise audit sieur Guérin de 80 p. 100 en principal, intérêts et frais. Les 20 p. 100 non remis payables en cinq années, par cinquièmes, à partir du 13 septembre 1850.

(9394 du greffe.)

GUIGUOZ, Fanny-Caroline Rouget (D*V*), veuve de Laurent Marie, lingère, rue Montmartre, 73. — Jugement du 28 juin 1850, lequel homologue le concordat passé entre la dame veuve Guiguoz et ses créanciers le 7 juin 1850.

Conditions sommaires.

Remise à ladite dame veuve Guiguoz de 80 p. 100 en principal et de tous intérêts et frais non admis. Les 20 p. 100 non remis payables comme suit : 6 p. 100 le 7 juin 1851, 7 p. 100 les 7 juin 1852, et 7 juin 1853.   (9400 du greffe.)

GUYON, Louis, limonadier rue Hoche, 5. — Jugement du 1er octobre 1850, lequel homologue le concordat passé entre le sieur Guyon et ses créanciers le 18 septembre 1850.

Conditions sommaires.

Remise audit sieur Guyon de 50 p. 100 en principal, intérêts et frais. Les 50 p. 100 non remis payables par douzièmes, d'année en année, pour le premier paiement avoir lieu fin décembre 1851, et ainsi de suite.   (9556 du greffe.)

GUÉRIN, Jacques-Abraham, entrepreneur de pavage et de maçonnerie, rue Popincourt, 82.—Jugement du 24 décembre 1850, lequel homologue le concordat passé entre le sieur Guérin et ses créanciers le 7 même mois.

Conditions sommaires.

Remise audit sieur Guérin de tous intérêts et frais et de 60 p. 100 sur le capital. Les 40 p. 100 non remis payables en cinq ans, par cinquièmes, les 15 décembre des années 1851, 1852 et suivantes. (9590 du greffe.)

GENET jeune, Pierre-Aumaire, entrepreneur de bâtiments, Faubourg-Saint-Honoré, 119. — Jugement du 14 janvier 1851, lequel homologue le concordat passé entre le sieur Genet et ses créanciers le 23 décembre 1850.

Conditions sommaires.

Abandon par Genet de son actif énoncé audit concordat. Obligation, en outre, de payer à ses créanciers 6 p. 100 de leurs créances par moitié, dans trois et quatre ans, du 23 décembre dernier. Au moyen de ce qui précède, libération entière du sieur Genet. Les sieurs Plet et Pascal commissaires à l'exécution du concordat. (9205 du greffe.)

GIRARDOT, marchand de bois à La Villette. — Jugement du 2 juillet 1850, lequel homologue le concordat passé entre le sieur Girardot et ses créanciers.

Conditions sommaires.

Remise audit sieur Girardot de 90 p. 100 en principal, intérêts et frais. Les 10 p. 100 restants payables en deux paiements, les 2 juillet 1851 et 1852. (9530 du greffe.)

GAUTET, Louis, chemisier, passage des Panora-mas, 8 —Jugement du 4 septembre 1850, lequel homologue le concordat passé entre le sieur Gautet et ses créanciers le 20 août 1850.

Conditions sommaires.

Remise audit sieur Gautet de 85 p. 100 en principal, inté-rêts et frais. Les 15 p. 100 non remis payables : 3 p. 100, 20 août 1851, et 4 p. 100 les 20 août 1852, 1853 et 1854.
(du greffe.)

HOUSIAUX, Charles, fabricant de chaussures sans coutures, rue Bergère, 30. — Jugement du 5 août 1850, lequel homologue le concordat passé entre ledit sieur Housiaux et ses créanciers le 23 juillet 1850.

Conditions sommaires.

Obligation par ledit sieur Housiaux de payer à ses créanciers 40 p. 100 comme suit : quatre paiements de 5 p. 100 les 1er août 1851, 1852, 1853 et 1854, et deux paiements de 10 p. 100 les 1er août 1855 et 1856; remise du surplus.
(9390 du greffe.)

HUILLET, Joseph, mercier, rue Saint-Antoine, 135. — Jugement du 1er octobre 1850, lequel homologue le concordat passé entre ledit sieur Huillet et ses créanciers le 17 septembre 1850.

Conditions sommaires.

Remise audit sieur Huillet de 84 p. 100 en principal, intérêts et frais. Les 16 p. 100 non remis payables dans quatre ans, par quart, les 17 décembre 1851, 1852, 1853 et 1854.

(9441 du greffe.)

HALDER père, Joseph, serrurier, rue du 24 Février, 30. — Jugement du 11 décembre 1850, lequel homologue le concordat passé entre le sieur Halder et ses créanciers le 12 novembre 1850.

Conditions sommaires.

Remise audit sieur Halder de 90 p. 100 en principal, intérêts et frais. Les 10 p. 100 non remis payables en quatre ans, par quart, les 12 novembre 1851, 1852, 1853 et 1854.

(9517 du greffe.)

HERMANN frères, banquiers, rue de Las Cases, 19, Louis et Jean-Baptiste. — Jugement du 6 mars 1851, lequel homologue le concordat passé entre les sieurs Hermann frères et leurs créanciers le 19 février 1851.

Conditions sommaires.

Remise de tous intérêts et frais et de 88 p. 100. Les 12 p. 100 non remis payables en six paiements, par sixième, d'année en année, à compter du 19 février 1851.   (9617 du greffe.)

JEUNIN, Pierre-Marie, glacier, rue de la Concorde, 22. — Jugement du 18 avril 1850, lequel rapporte la faillite déclarée contre Jeunin par jugement du 15 février 1850, et dit que Jeunin sera remis à la tête de ses affaires comme auparavant. (9345 du greffe.)

KULIKOWSKI, Florian-Florentin, tenant hôtel garni, rue des Fossés-Saint-Victor, 15. — Jugement du 14 août 1850, lequel homologue le concordat passé entre lui et ses créanciers le 30 juillet 1850.

Conditions sommaires.

Remise audit sieur Kulikowski de 60 p. 100 et des intérêts et frais. Les 40 p. 100 non remis payables par cinquième, d'année en année, pour le premier paiement avoir lieu un an après l'homologation, et ainsi de suite. (9450 du greffe.)

KIEFFER, facteur de pianos, à Montmartre, rue Saint-André, 15. — Jugement du 28 octobre 1850, lequel homologue le concordat passé entre le sieur Kieffer et ses créanciers le 12 octobre 1850.

Conditions sommaires.

Remise audit sieur Kieffer de tous intérêts et frais et de 88 p. 100 sur le capital. Les 12 p. 100 non remis payables en quatre ans, par quart, pour le premier paiement avoir lieu le 12 octobre 1851. (9477 du greffe.)

KRACH, François, entrepreneur de peintures et marchand de papiers peints, rue Saint-Honoré, 343. — Jugement du 31 décembre 1850, lequel homologue le concordat passé entre le sieur Krach et ses créanciers le 6 décembre 1850.

Conditions sommaires.

Remise audit sieur Krach des intérêts et frais et de 50 p. 100. Les 50 p. 100 non remis payables en cinq ans, par dixième, de six en six mois, pour le premier paiement avoir lieu le 10 juin 1851, et ainsi de suite,   (9602 du greffe.)

LIRÉ, Théodore, ferblantier, rue de l'Arbre-Sec, 42. — Jugement du 18 juin 1850, lequel homologue le concordat passé entre le sieur Liré et ses créanciers le 27 mai 1850.

Conditions sommaires.

Obligation par le sieur Liré de payer à ses créanciers 20 p. 100 du chiffre de leurs créances, par 5 p. 100, les fins juin 1851, 1852, 1853 et 1854. Remise du surplus par les créanciers.   (9293 du greffe.)

LEROUX, Edouard, négociant, quai de la Loire, 62, à La Villette. — Jugement du 3 janvier 1851, qui homologue le concordat passé le 16 décembre 1850 entre le sieur Leroux et ses créanciers.

Conditions sommaires.

Obligation par ledit sieur Leroux de payer intégralement ses créanciers en principal, intérêts et frais, mais jusqu'au jour du concordat seulement et comme suit : 15 p. 100 après l'homologation par les soins de M. Pellerin, commissaire nommé à cet effet, 35 p. 100 deux ans après, 25 p. 100 trois ans après, et 25 p. 100 quatre ans après ladite homologation.

(9298 du greffe.)

LAMOTTE, Jean-Amédée, menuisier, à Montmartre, chaussée Clignancourt, 14. — Jugement du 15 juillet 1850, lequel homologue le concordat passé entre le sieur Lamotte et ses créanciers le 23 mai 1850.

Conditions sommaires.

Remise audit sieur Lamotte de 90 p. 100 en principal, intérêts et frais. Les 10 p. 100 non remis payables : 3 p. 100 dans un an, 3 p. 100 dans deux ans, et 4 p. 100 dans trois ans, le tout à compter du 23 mai 1850.   (9331 du greffe.)

LINSLER jeune, Simon, fabricant de parquets mécaniques, rue Moreau, 3. — Jugement du 14 janvier 1851, lequel homologue le concordat passé entre le sieur Linsler et ses créanciers le 24 décembre 1850.

Conditions sommaires.

Remise audit sieur Linsler de 90 p. 100 en capital, intérêts et frais. Les 10 p. 100 non remis payables comme suit : deux paiements de 2 p. 100 chacun les 1er janvier 1852 et 1853, et deux paiements de 3 p. 100 les 1er janvier 1854 et 1855.

(9366 du greffe.)

LEDET, dit Ledé, Jean-Baptiste, serrurier, rue du Val-Sainte-Catherine, 11. — Jugement du 20 juin 1850, qui homologue le concordat passé entre le sieur Ledet et ses créanciers le 6 juin même mois.

Conditions sommaires.

Remise audit sieur Ledet de 70 p. 100 en principal, intérêts et frais. Les 30 p. 100 non remis payables : 6 p. 100 dans un an du jour de l'homologation, au plus tard le 30 juin 1851, 6 p. 100 une année après, et ainsi de suite d'année en année.

(9370 du greffe.)

LERIVEREND, Victor-Louis, ancien marchand de produits chimiques, rue des Enfants-Rouges, 8. —Jugement du 22 juillet 1850, lequel homologue le concordat passé entre le sieur Leriverend et ses créanciers le 10 juillet 1850.

Conditions sommaires.

Remise audit sieur Leriverend de tous intérêts et frais et de 80 p. 100. Les 20 p. 100 non remis payables en quatre paie-ments de 5 p. 100 le 1er juillet des années 1851, 1852 et sui-vantes.   (9393 du greffe.)

LAGARDÈRE, Pascal, serrurier et maître d'hôtel garni, rue du Cœur-Volant, 10. —Jugement du 13 décembre 1850, lequel homologue le concordat passé entre le sieur Lagar-dère et ses créanciers le 21 novembre 1850.

Conditions sommaires.

Obligation par ledit sieur Lagardère de payer le montant intégral de son passif par fraction de 6 p. 100 de 3 en 3 mois à partir du 1er octobre 1852, sauf le dernier paiement, de 4 p. 100. Interdiction de disposer de son établissement ou des accessoires sans l'autorisation de ses créanciers, s'ils ne sont désintéressés; au cas de vente, affectation du prix aux créanciers.

(9309 du greffe.)

LARDY, Henriette (Dlle), marchande de modes, rue de Ménards, 5, ci-devant, maintenant rue Saint-Honoré, 323. — Jugement du 12 septembre 1850, lequel homologue le concordat passé entre elle et ses créanciers le 28 août 1850.

Conditions sommaires.

Remise à ladite demoiselle Lardy de 84 p. 100 en principal, intérêts et frais. Les 16 p. 100 non remis payables en 4 paiements, par quart, les 28 août 1851, 1852, 1853 et 1854.

(9429 du greffe.)

LOCQUET, Augustin-Romain-Joseph, corroyeur, faubourg Saint-Antoine, 142. — Jugement du 12 novembre 1850, lequel homologue le concordat passé entre le sieur Locquet et ses créanciers le 26 juillet 1850.

Conditions sommaires.

Remise audit sieur Locquet de 75 p. 100 en principal, intérêts et frais. Les 25 p. 100 non remis payables : 10 p. 100 le 31 octobre 1851, 10 p. 100 31 octobre 1852, et 5 p. 100 le 31 mai 1853. La dame épouse de Locquet caution de l'exécution du concordat. (9138 du greffe.)

LEMAIRE, Emile-César-Constant, fabricant d'étoffes pour gilets, rue Albouy, 14 et 15. — Jugement du 26 décembre 1850, lequel homologue le concordat passé entre le sieur Lemaire et ses créanciers le 6 décembre même mois.

Conditions sommaires.

Remise audit sieur Lemaire de 60 p. 100 en principal, et de tous intérêts et frais. Les 40 p. 100 non remis payables au domicile de M. Dutreich, rue Neuve-Saint-Augustin, 59, comme suit : 7 p. 100 un an après l'homologation, 3 p. 100 18 mois après, et ainsi de suite par 3 p. 100 tous les 6 mois. Les sieurs et dame Lemaire père et mère cautions solidaires envers les créanciers chirographaires de 20 p. 100 des dividendes promis, sous les réserves et conditions énoncées au concordat.

(9510 du greffe.)

LEMAIRE, Théophile-Auguste, jardinier, impasse de la Pompe, 19. — Jugement du 29 novembre 1850, lequel homologue le concordat passé entre le sieur Lemaire et ses créanciers le 20 novembre 1850.

Conditions sommaires.

Remise audit sieur Lemaire de 40 p. 100 en principal, intérêts et frais. Les 60 p. 100 non remis payables en 20 paiements de 3 p. 100, pour le 1er paiement avait lieu le 1er juin 1851, le 2e le 1er décembre même année, et ainsi continuer de 6 mois en 6 mois. La dame Lemaire caution solidaire du paiement des dividendes.   (9518 du greffe.)

LEPERS, Jean-Baptiste-Joseph, marchand de lins et toiles, rue du Chevalier-du-Guet, 8 et 10. — Jugement du

4 février 1851, lequel homologue le concordat passé entre le sieur Lépers et ses créanciers le 24 décembre 1850.

Conditions sommaires.

Remise audit sieur Lepers des intérêts et frais, et de 80 p. 100 sur le capital. Les 20 p. 100 non rémis payables dans le délai de 18 mois, par tiers, de 6 mois en 6 mois, à compter du 24 décembre 1850. (9540 du greffe.)

LESUEUR, Louis-Désiré, parfumeur, rue Caumartin, 85. — Jugement du 7 novembre 1850, lequel homologue le concordat passé entre le sieur Lesueur et ses créanciers le 21 octobre 1850.

Conditions sommaires.

Abandon par Lesueur de son actif commercial tel qu'il est énoncé audit concordat; obligation en outre de payer 10 p. 100 en 2 ans, par moitié, à compter du 21 octobre 1850 et sans intérêts; remise du surplus. Gasselier commissaire. (*Son adresse sera donnée par M. Tiphagne, syndic*). (9553 du greffe.)

LARROUDÉ, Jean-Jacques, marchand de vin, rue Vieille-du-Temple, 56. — Jugement du 7 novembre 1850, lequel homologue le concordat passé entre le sieur Larroudé et ses créanciers le 3 octobre 1850.

Conditions sommaires.

Abandon par Larroudé à ses créanciers : 1° des recouvrements opérés et à opérer, 2° du prix de vente de son fonds de commerce. Portal, syndic, nommé commisssaire à la répartition après paiement des dettes privilégiées et frais de faillite. Abandon par la dame Larroudé au profit des créanciers des dividendes lui revenant.   (9558 du greffe.)

LELIÈVRE, Adolphe, boulanger, rue Neuve-Saint-Eustache, 30. — Jugement du 13 décembre 1850, lequel homologue le concordat passé entre le sieur Lelièvre et ses créanciers le 16 novembre 1850.

Conditions sommaires.

Remise audit sieur Lelièvre de 50 p. 100 et de tous intérêts et frais. Les 50 p. 100 non remis payables en 4 ans, par quart, pour le 1er paiement avoir lieu le 16 novembre 1851. Au cas de vente du fonds de commerce, cette vente ne peut être faite qu'au comptant, et le prix sera versé entre les mains de Boulet, syndic et commissaire, qui répartira immédiatement.

(9687 du greffe.)

LEFRANC, Jean, rue Duperré, 24. — Jugement du 19 juillet 1850, lequel homologue le concordat passé entre le sieur Lefranc et ses créanciers le 24 juin 1850.

Conditions sommaires.

Remise audit sieur Lefranc de 80 p. 100 en principal, intérêts et frais. Les 20 p. 100 non remis payables en 2 termes de 10 p. 100, les 24 juin 1852 et 1854.   (du greffe.)

MAILLY, Jean-Baptiste, tailleur, [rue Vivienne, 36. — Jugement du 1er mai 1850, lequel homologue le concordat passé entre le sieur Mailly et ses créanciers le 3 avril 1850.

Conditions sommaires.

Remise audit sieur Mailly de 70 p. 100 en principal, intérêts et frais. Les 30 p. 100 non remis payables 5 p. 100 dans le mois de l'homologation, 8 p. 100 fin janvier 1851, 8 p. 100 fin août même année et 9 p. 100 fin mars 1852.

(9261 du greffe.)

MOSNY fils, Charles-Louis, marchand de vin traiteur à Montrouge, route d'Orléans, 29. — Jugement du 15 octobre 1850, lequel homologue le concordat passé entre le sieur Mosny fils et ses créanciers le 25 septembre 1850.

Conditions sommaires.

Remise audit sieur Mosny de 85 p. 100 en principal et accessoires. Les 15 p. 100 non remis payables par tiers, les 15 janv. 1852, 1853 et 1854. (9158 du greffe.)

MESNARD, Jean, corroyeur, rue Mondétour, 31. — Jugement du 2 août 1850, lequel homologue le concordat passé entre ledit sieur Mesnard et ses créanciers le 18 juillet 1850.

Conditions sommaires.

Remise audit sieur Mesnard de 80 p. 100 en principal, intérêts et frais. Les 20 p. 100 non remis payables 5 p. 100 le 1er août 1851, 10 p. 100 le 1er août 1852, et 5 p. 100 le 1er août 1853. (9281 du greffe.)

MOIGNET, Charles-Emmanuel, entrepreneur de bains, à Belleville, impasse du Saumon, 4. — Jugement du 30 août 1850, lequel homologue le concordat passé entre le sieur Moignet et ses créanciers le 1er août 1850.

Conditions sommaires.

Remise audit sieur Moignet de tous intérêts et frais et de 50 p. 100 du capital. Les 50 p. 100 non remis payables en cinq paiements de 10 p. 100, le 1er août des années 1853, 1854 et suivantes.   (9097 du greffe.)

MASSON (Dame), Louis-Alexandre, née Génie-Joséphine BLOC, tenant hôtel garni, cité Bergère, 2 bis. — Jugement du 17 mai 1850, lequel homologue le concordat passé entre la dame Masson et ses créanciers le 25 avril 1850.

Conditions sommaires.

Remise aux sieur et dame Masson de 85 p. 100 en principal, intérêts et frais. Les 15 p. 100 non remis payables par lesdits sieur et dame Masson solidairement en trois termes de 5 p. 100, les 31 octobre 1851, 1852 et 1853.   (9288 du greffe.)

MERMILLOD, Jean-Claude, serrurier-mécanicien, rue Saint-Philippe-Saint-Martin, 1. — Jugement du 17 septembre 1850, lequel homologue le concordat passé entre le sieur Mermillod et ses créanciers le 30 août 1850.

Conditions sommaires.

Remise au sieur Mermillod de tous intérêts et frais et de 85

p. 100. Les 15 p. 100 non remis payables en trois paiements de 5 p. 100, fin août 1851, 1852 et 1853. (9356 du greffe.)

MUTET, Joseph, tailleur, boulevart Montmartre, 5. — Jugement du 18 juin 1850, lequel homologue le concordat passé entre le sieur Mutet et ses créanciers le 3 juin même mois.

Conditions sommaires.

Remise audit sieur Mutet de 75 p. 100 en principal, intérêts et frais. Les 25 p. 100 non remis payables en vingt mois, par quarts, les 3 septembre 1850, 3 mars et 3 septembre 1851, et 3 février 1852. — Obligation solidaire par Jules Mutet, dessinateur, rue du Port-Royal, 18, au paiement des 25 p. 100 sus promis.   (9359 du greffe.)

MAIRE, François, ancien ébéniste à la manufacture des Gobelins, rue Mouffetard.—Jugement du 2 août 1850, lequel homologue le concordat passé entre le sieur Maire et ses créanciers le 20 juillet 1850.

Conditions sommaires.

Remise audit sieur Maire de 95 p. 100 en principal, intérêts et frais. Les 5 p. 100 non remis payables comptant, immédiatement après l'homologation du concordat.   (9365 du greffe.)

MEUNIER, Pierre-Stanislas-Hippolyte, et dame Adélaïde-Prudence WARCOUSIN, marchands de vins logeurs, à Batignolles, rue Puteaux, 16. — Jugement du 31 mai 1850, lequel homologue le concordat passé entre les sieur et dame, Meunier et leurs créanciers le 20 mai 1850.

Conditions sommaires.

Remise auxdits sieur et dame Meunier de 80 p. 100 et de tous intérêts et frais. Les 20 p. 100 non remis payables dans le courant de quatre ans, par quarts, à partir du 1er juin 1851.

(9368 du greffe.)

MALLEROT, Louis (D⁰ V⁰), née Adélaïde CALLÉ, fabricante de chaussures, boulevart Saint-Martin, 67. — Jugement du 9 septembre 1850, lequel homologue le concordat passé entre la dame veuve Mallerot et ses créanciers le 23 août 1850.

Conditions sommaires.

Remise à la dame veuve Mallerot de 70 p. 100 en principal, intérêts et frais. Les 30 p. 100 non remis payables par cinquièmes, d'année en année, le 1er août des années 1851, 1852 et suivantes.   (9376 du greffe.)

MABILDE, Laurent-Jacques, ancien négociant en dentelles, rue Saint-Nicaise. — Jugement du 8 août 1850, lequel homologue le concordat passé entre le sieur Mabilde et ses créanciers le 10 juillet 1850.

Conditions sommaires.

Remise de 90 p. 100 en principal, intérêts et frais. Les 10 p. 100 non remis payables en dix ans, par dixièmes, d'année

en année, pour le premier paiement avoir lieu le 8 août 1851.
Abandon en sus aux créanciers du mobilier présentement reven-
diqué, et nomination de Sannier commissaire à l'effet de pour-
suivre, réaliser et répartir.   (9406 du greffe.)

MATHON, Jean-Baptiste-François-Xavier, limo-
nadier, à Batignolles, rue de la Paix, 34, maintenant à Paris,
rue d'Isly, 11. — Jugement du 14 août 1850, lequel homologue le concordat passé entre le sieur Mathon et ses créanciers
le 30 juillet 1850.

Conditions sommaires.

Libération du sieur Mathon à la condition par lui de verser
à ses créanciers, entre les mains de M. Philippon, nommé com-
missaire-répartiteur, chaque mois, à partir du 31 octobre 1850,
et sur ses appointements, la somme de 100 fr. pendant tout le
temps qu'il conservera sa place.   (9417 du greffe.)

MARCHAND, Eugène, cordier, à Batignolles, rue
Saint-Louis, 50. — Jugement du 23 juillet 1850, lequel homologue le concordat passé entre le sieur Marchand et ses créanciers le 8 juillet 1850.

Conditions sommaires.

Remise audit sieur Marchand de 80 p. 100 en principal, intérêts et frais. Les 20 p. 100 non remis payables en quatre termes de 5 p. 100, les 8 juillet 1851, 1852, 1853 et 1854.
                                                 (9422 du greffe.)

MAULVAUT, Louis-Magloire, ancien boulanger, rue Saint-Honoré, 302, maintenant rue Saint-Jacques, 174.— Jugement du 5 août 1850, lequel homologue le concordat passé le 18 juillet 1850 entre le sieur Maulvaut et ses créanciers.

Conditions sommaires.

Abandon par le sieur Maulvaut de tout son actif, sauf son mobilier personnel et une somme de 600 fr. Le sieur Sergent commissaire, à l'effet de réaliser et répartir.   (9424 du greffe.)

MONTAUD, Joseph-François-César, escompteur, rue Hauteville, 1. — Jugement du 25 novembre 1850, lequel homologue le concordat passé entre le sieur Montaud et ses créanciers le 12 novembre même mois.

Conditions sommaires.

Remise audit sieur Montaud de tous intérêts et frais et de 95 p. 100. Les 5 p. 100 non remis payables en quatre ans, par quarts, pour le premier paiement avoir lieu fin octobre 1851. A l'égard de la Société Montaud et compagnie, ces 5 p. 100 se confondent avec les dividendes qu'ils recevront dans la faillite de la société.   (9469 du greffe.)

MERCHADIER, Jean, marchand de charbons, rue Neuve-Montmorency, 3. —Jugement du 25 octobre 1850, lequel homologue le concordat passé entre ledit sieur Merchadier et ses créanciers le 8 octobre 1850.

Conditions sommaires.

Remise audit sieur Merchadier de 80 p. 100 et de tous intérêts et frais. Les 20 p. 100 non remis payables en quatre ans , par quarts, les 1er octobre 1851, 1852, 1853 et 1854.

(9466 du greffe.)

MINEUR , Alexandre-Henri , estampeur, rue de Malte, 30. — Jugement du 15 octobre 1850, lequel homologue le concordat passé entre le sieur Mineur et ses créanciers le 26 septembre 1850.

Conditions sommaires.

Remise audit sieur Mineur de 75 p. 100 et de tous intérêts et frais. Les 25 p. 100 non remis payables en cinq ans, par cinquième, à partir du 26 septembre 1850.   (9538 du greffe.)

MORGE, Pierre-Adrien , ancien fabricant d'étain , rue Guérin-Boisseau , 23. — Jugement du 26 février 1851 , lequel homologue le concordat passé entre le sieur Morge et ses créanciers le 19 novembre 1850.

Conditions sommaires.

Remise de 90 p. 100 en principal , intérêts et frais. Les 10 p. 100 non remis payables comme suit : 3 p. 100 19 novembre 1851 , 3 p. 100 19 novembre 1852 et 4 p. 100 le 19 novembre 1853.   (9549 du greffe.)

MOULIN , Philippe , et Jeanne-Helmina-Alexandrine Paintel , son épouse , rue Laffite , 36. — Jugement du 7 janvier 1851 , lequel homologue le concordat passé entre les sieur et dame Moulin et leurs créanciers le 19 novembre 1850.

Conditions sommaires.

Remise auxdits sieur et dame Moulin de 80 p. 100 en principal, intérêts et frais. Les 20 p. 100 non remis payables en quatre ans, par quart, les 19 novembre 1851, 1852, 1853 et 1854.

(9582 du greffe.)

MISSONNIER, Antoine, serrurier-mécanicien, Chemin de ronde de la barrière de la Gare, 6. —Jugement du 18 novembre 1850, lequel homologue le concordat passé entre le sieur Missonnier et ses créanciers le 7 novembre 1850.

Conditions sommaires.

Remise audit sieur Missonnier de tous intérêts et frais et de 75 p. 100 sur le capital. Les 25 p. 100 non remis payables par cinquième, d'année en année, à partir du 7 novembre 1850.

(9601 du greffe.)

MARKREICH, aîné, Nathan, marchand de nouveautés, rue Brognart, 3. —Jugement du 18 décembre 1850, lequel homologue le concordat passé entre le sieur Markreich et ses créanciers le 4 décembre 1850.

Conditions sommaires.

Remise audit sieur Markreich de 50 p. 100 en principal, intérêts et frais. Les 50 p. 100 non remis payables en dix paiements de 5 p. 100, de six mois en six mois, à partir du 1er décembre 1850.   (9604 du greffe.)

MÉZIÈRES, Alexandre, commissionnaire en farines, rue de l'Échiquier, 14. Jugement du 2 août 1850, lequel homologue le concordat passé entre le sieur Mézières et ses créanciers le 16 juillet 1850.

Conditions sommaires.

Remise audit sieur Mézières de 85 p. 100 en principal, intérêts et frais. Les 15 p. 100 restants payables en 3 ans, par tiers, 1er août 1851, 1852 et 1853. (9327 du greffe.)

NAUDIN, Louis, entrepreneur de peinture, rue du Dragon, 15. — Jugement du 10 octobre 1850, lequel homologue le concordat passé le 3 septembre 1850 entre le sieur Naudin et ses créanciers.

Conditions sommaires.

Obligation par Naudin de payer 15 p. 100 du chiffre de leurs créances payables par tiers de 5 p. 100, les 30 septembre 1851, 1852 et 1853; remise du surplus. (9483 du greffe.)

NERMEL, dit Marly, Louis-Jean, entrepreneur de bains sur la Seine, à Boulogne. — Jugement du 23 décembre 1850, lequel homologue le concordat passé entre ledit sieur Nermel et ses créanciers le 13 décembre 1850.

Conditions sommaires.

Remise des intérêts et frais et de 80 p. 100 sur le capital. Les 20 p. 100 non remis payables par cinquième, d'année en année, pour le premier paiement avoir lieu le 13 décembre 1852. (9623 du greffe.)

OBERDOERFFER, Mathieu-Adolphe, bijoutier, rue Saint-Martin, 36, tant en son nom personnel que comme faisant partie de la société Job Oberdoerffer. — Jugement du 13 mars 1851, lequel homologue le concordat passé le 3 mars 1851 entre le sieur Oberdoerffer et ses créanciers.

Conditions sommaires.

Remise audit sieur Oberdoerffer de 90 p. 100 et des intérêts et frais. Les 10 p. 100 non remis payables en 5 ans, par cinquième, le 1er mars des années 1852, 1853 et suivantes.

(9475 du greffe.)

POSSIEN, Louis-François-Henri, épicier, marchand de couleurs, Faubourg-Saint-Martin, 192. — Jugement du 14 mai 1850, lequel homologue le concordat passé entre le sieur Possien et ses créanciers le 29 avril 1850.

Conditions sommaires.

Remise audit sieur Possien de tous intérêts et frais et de 70 p. 100. Les 30 p. 100 non remis payables, par cinquième, de 6 en 6 mois, à partir de l'homologation du concordat.

(9255 du greffe.)

PERET, Guillaume, marchand de bois et charbons, rue d'Anjou-Saint-Honoré, 14 ou 44. — Jugement du 24 mai 1850, lequel homologue le concordat passé entre le sieur Peret et ses créanciers le 6 mai même mois.

Conditions sommaires.

Remise audit sieur Peret de 87 et demi p. 100, et de tous intérêts et frais. Les 12 et demi p. 100 non remis payables en 4 ans, par quart, à partir du 21 mai 1850. (9322 du greffe.)

PERNIN, Louis, serrurier en voitures, Faubourg-Saint-Denis, 154, maintenant rue Lafayette, 93. — Jugement du 18 juin 1850, lequel homologue le concordat passé entre ledit sieur Pernin et ses créanciers le 1er juin même mois.

Conditions sommaires.

Abandon par Pernin d'une somme de 1300 fr. environ, à recouvrer et répartir entre les créanciers par le sieur Boulet, nommé commissaire-à cet effet. Obligation par Pernin de payer à ses créanciers 10 p. 100 de leurs créances, en 4 paiements de 2 et demi p. 100, d'année en année, à compter du 1er juin 1850. Remise du surplus. (9363 du greffe.)

PICOT et LUQUET, Charles-Benoît et Alexandre, bijoutiers, rue Sainte-Elisabeth, 7. — Jugement du 14 août 1850, lequel homologue le concordat passé entre les sieurs Picot et Luquet et leurs créanciers le 1er août 1850.

Conditions sommaires.

Remise audit sieur Picot et Luquet de 80 p. 100 en principal, intérêts et frais. Les 20 p. 100 non remis payables en 4 paiements de 5 p. 100, le 1er août des années 1851, 1852, 1853 et 1854. (9460 du greffe.)

PÉTARD et TROPEY, Jacques-Louis et Pierre-François-Gustave, droguistes, cour Batave, 18. — Jugement du 10 mai 1851, lequel homologue le concordat passé le 11 février 1851 entre le sieur Pétard personnellement et ses créanciers.

Conditions sommaires.

Obligation par Pétard de payer 10 p. 100 en 4 ans, par quart, fin février 1852, 1853, 1854 et 1855, au moyen de quoi libération entière de Pétard personnellement. Réserves de tous droits contre l'union Pétard et Tropey.   (9467 du greffe.)

PERET, Jean, marchand de bois, rue de la Pépinière, 43. — Jugement du 24 mai 1850, lequel homologue le concordat passé entre le sieur Peret et ses créanciers le 13 même mois.

Conditions sommaires.

Remise audit sieur Peret de 87 et demi p. 100 et de tous intérêts et frais. Les 12 et demi p. 100 non remis payables par quart, d'année en année, à partir du 24 mai 1850.

    (9552 du greffe.)

POUSSIF, Jacques, marchand de vins, rue de la Tour-d'Auvergne, 3. — Jugement du 24 novembre 1850, lequel homologue le concordat passé entre le sieur Poussif et ses créanciers le 14 septembre 1850.

Conditions sommaires.

Remise audit sieur Poussif de 80 p. 100 en principal, intérêts et frais. Les 20 p. 100 non remis payables en 4 ans, par quart, d'année en année, à compter du 14 septembre 1850.   (9521 du greffe.)

PAYARD, Gustave-Pierre-Eloi, épicier, rue de l'Ourcine, 20, maintenant faubourg Saint-Honoré, 225. — Jugement du 7 janvier 1851, lequel homologue le concordat passé entre le sieur Payart et ses créanciers le 20 décembre 1850.

Conditions sommaires.

Abandon par ledit sieur Payard de la totalité de son actif, sous les réserves toutefois énoncées audit concordat ; obligation, en outre, de payer 15 p. 100 des créances admises en principal, intérêts et frais, et ce en 4 ans, par quart, à partir du 1ᵉʳ janvier 1852. — Heurionnet commissaire à l'exécution. — Au moyen de ce qui précède libération de Payart.

(9606 du greffe.)

PIETTRE, Casimir-Eusèbe-Victor (Dᵐᵉ), séparée de biens, née Amélie-Olympe Tissot, ancienne limonadière, 36, rue Richelieu. — Jugement du 27 février 1851, lequel homologue le concordat passé entre elle et ses créanciers le 13 février même mois.

Conditions sommaires.

Remise des intérêts et frais et de 90 p. 100. Les 10 p. 100 non remis payables en 4 ans, par quart d'année en année ; pour le premier paiement avoir lieu le 13 vrier 1852.

(9611 du greffe.)

PAILHOUX fils, Louis-Bernard, boulanger à Neuilly, avenue de la République, 179. — Jugement du 20 décembre 1850, lequel homologue le concordat passé entre le sieur Pailhoux et ses créanciers le 2 décembre 1850.

Conditions sommaires.

Remise de 75 p. 100 en principal, intérêts et frais. Les 25 p. 100 non remis payables en 5 ans, par cinquième, le 1er décembre des années 1851, 1852 et suivantes. Au cas de vente du fonds de commerce, le prix en sera dévolu aux créanciers à concurrence de ce qui leur restera dû.   (9621 du greffe.)

RENET (Dlle Eugénie), personnellement, marchande de nouveautés, 83, rue Richelieu. — Jugement du 18 avril 1850, lequel homologue le concordat passé entre elle et ses créanciers le 3 même mois.

Conditions sommaires.

Remise de 98 p. 100 en principal, intérêts et frais, sous réserves contre qui de droit. Les 2 p. 100 non remis payables en 3 ans, par tiers, d'année en année, à compter du 3 avril 1850.
          (9226 du greffe.)

ROES, Pierre, ancien marchand de vins, à Batignolles, avenue de Clichy, n° 65. — Jugement du 20 décembre 1850, lequel homologue le concordat passé le 29 novembre 1830 entre ledit sieur Roes et ses créanciers.

Conditions sommaires.

Remise audit sieur Roes de 85 p. 100 en principal, et de tous intérêts et frais. Les 15 p. 100 non remis payables comme

suit : 3 p. 100 le 26 novembre 1851 , et 3 paiements de 4 p.
100 , les 26 novembre 1852, 1853 et 1854.

(9263 du greffe.)

ROYER, Auguste, boucher, à Grenelle , 7, rue
du Commerce. — Jugement du 20 juin 1850 , lequel homologue le concordat du 7 juin 1850 entre ledit sieur Royer et ses
créanciers.

Conditions sommaires.

Remise audit sieur Royer de 80 p. 100 en principal , intérêts et frais. Les 20 p. 100 non remis payables : 10 p. 100
dans 2 ans, à partir du 7 juin 1850, 5 p. 100 le [7 juin 1853,
et 5 p. 100 le 7 juin 1854. (9381 du greffe.)

ROQUET, Paul-François, marchand de vin, rue
du Four-Saint-Germain, 38. — Jugement du 22 novembre
1850, lequel homologue le concordat passé entre le sieur Roquet et ses créanciers le 8 octobre 1850.

Conditions sommaires.

Remise des intérêts et frais non admis et de 80 p. 100. Les
20 p. 100 non remis payables en 5 ans, par 5e, le 8 octobre
des années 1851, 1852 et suivantes. (9461 du greffe.)

ROY frères et compagnie, négociants en vins,
rue d'Aboukir, 56. — Jugement du 6 décembre 1850, lequel
homologue le concordat passé entre les sieurs Roy frères et
compagnie et leurs créanciers le 7 novembre 1850.

Conditions sommaires.

Remise de 80 p. 100 et de tous intérêts et frais. Les 20 p. 100 non remis payables au moyen de l'abandon fait par Roy frères et compagnie de tout l'actif de la faillite restant en caisse; si cet actif, prélèvement fait des priviléges, frais et indemnités, ne produisait pas 10 p. 100, obligation par eux de verser immédiatement la différence aux mains du commissaire; obligation en outre de payer les 10 p. 100 ou ce qui resterait dû en 2 ans par moitié, d'année en année. Le sieur Boullay, quai de Béthune, 26, nommé commissaire.   (9457 du greffe.)

ROUSSEL, Étienne, ancien épicier, rue de l'Oratoire-du-Louvre, 10. — Jugement du 18 novembre 1850, lequel homologue le concordat passé entre le sieur Roussel et ses créanciers le 4 novembre 1850.

Conditions sommaires.

Remise audit sieur Roussel de 75 p. 100 et des intérêts et frais. Les 25 p. 100 non remis payables en 4 ans, par quart, le 1er décembre des années 1851, 1852 et suivantes. Au cas de paiement d'une créance énoncée au concordat, la somme en provenant sera remise au syndic, chargé d'en faire la répartition, pour venir en déduction sur le 1er dividende. (9560 du greffe.)

RAYNAL, Frédéric, marchand de vin, rue Mouffard, 146. — Jugement du 18 novembre 1850, lequel homologue le concordat passé entre le sieur Raynal et ses créanciers le 7 novembre 1850.

Conditions sommaires.

Remise audit sieur Raynal de 85 p. 100 en principal, inté-rêts et frais. Les 15 p. 100 non remis payables en 3 ans, les 1er novembre 1852, 1853 et 1854. Au cas de vente du fonds de Raynal, l'exigibilité des dividendes dans les termes de la vente. Lanquetin neveu commissaire.   (9569 du greffe.)

ROBERT, Tissot, monteur de boîtes, passage Hu-lot, 2. — Jugement du 15 novembre 1850, lequel homologue le concordat passé entre le sieur Robert et ses créanciers le 2 novembre 1850.

Conditions sommaires.

Remise audit sieur Robert de 85 p. 100 en principal, intérêts et frais. Les 15 p. 100 non remis payables en 3 ans, par tiers, les 2 novembre 1851, 1852 et 1853.   (9572 du greffe.)

RIBOT, Adolphe, plombier, rue de Moscou, 8. — Jugement du 9 décembre 1850, lequel homologue le concordat passé contre le sieur Ribot et ses créanciers le 26 novembre 1850.

Conditions sommaires.

Remise audit sieur Ribot de tous intérêts et frais et de 85 p. 100. Les 15 p. 100 non remis payables en 3 ans, par tiers, fin janvier 1852, 1853 et 1854.   (9581 du greffe.)

RECLIN, Pierre, menuisier à Gentilly, rue de la Glacière, 122. — Jugement du 13 décembre 1850, lequel

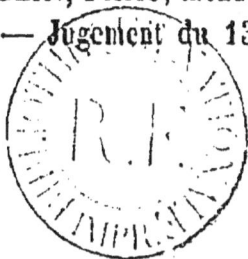

9

homologue le concordat passé entre le sieur Reclin et ses créanciers le 28 novembre 1850.

Conditions sommaires.

Remise audit sieur Reclin de 85 p. 100 sur le principal et de tous intérêts et frais non admis. Les 15 p. 100 non remis payables en 3 ans, par tiers, les 28 novembre 1851, 1852 et 1853.

(9595 du greffe.)

SAVRY, serrurier à Batignolles, avenue de Clichy, 60. — Jugement du 26 août 1850, lequel homologue le concordat passé entre le sieur Savry et ses créanciers le 1ᵉʳ août 1850.

Conditions sommaires.

Remise audit sieur Savry, maintenant ouvrier à Montmartre, rue des Poissonniers, 51, de tous intérêts et frais non admis et de 94 p. 100. Les 6 p. 100 restants payables en trois années, par tiers, les 1ᵉʳ août 1851, 1852 et 1853.   (9253 du greffe.)

SAULNIER, Pierre, ingénieur mécanicien, rue Saint-Ambroise-Popincourt, 5 — Jugement du 24 octobre 1850 qui homologue le concordat passé entre ledit sieur Saulnier et ses créanciers le 1ᵉʳ octobre 1850.

Conditions sommaires.

Remise audit sieur Saulnier de 50 p. 100 en principal, intérêts et frais. — Abandon par Saulnier, pour se libérer à due concurrence des 50 p. 100 restants, de tout son actif, à l'exception des objets dépendant du matériel et désignés audit concordat. Geoffroy commissaire pour répartir l'actif après paiement des créances privilégiées. — Obligation par Saulnier de payer la différence entre la somme que produirait l'actif abandonné et les 50 p. 100 en 10 ans, par 10⁰, à compter du 1ᵉʳ octobre 1851.

(9386 du greffe.)

SAUVÉ, Olivier, imprimeur, rue de la Harpe, 64. —Jugement du 11 juin 1850, lequel rapporte la faillite dudit sieur Sauvé, déclarée par autre jugement du 26 février 1850, et dit que le sieur Sauvé sera remis au même et semblable état qu'auparavant.   (9358 du greffe.)

SARDAILLON, Bernard, marchand de sarreaus, rue des Écrivains, 22. — Jugement du 2 août 1850, lequel homologue le concordat passé entre ledit sieur Sardaillon et ses créanciers le 23 juillet 1850.

Conditions sommaires.

Remise audit sieur Sardaillon de 85 p. 100 en principal, intérêts et frais. Les 15 p. 100 restants payables en 3 ans, à raison de 5 p. 100 par an, à compter du 2 août 1850. — Garantie du paiement des dividendes par Félix Sardaillon, rue des Écrivains, 22.   (9433 du greffe.)

TRIDON, Joseph, marchand de vins, allée des Veuves, 63. — Jugement du 26 novembre 1850, lequel homologue le concordat passé entre le sieur Tridon et ses créanciers le 14 novembre 1850.

Conditions sommaires.

Remise audit sieur Tridon de tous intérêts et frais et de 85 p. 100 sur le capital. Les 15 p. 100 non remis payables en 4 paiements égaux d'année en année, les 15 décembre 1851, 1852 et années suivantes. (9523 du greffe.)

TEXIER, peintre en voitures, maintenant cour Boni. — Jugement du 4 novembre 1850, lequel homologue le concordat passé entre ledit sieur Texier et ses créanciers le 12 octobre 1850.

Conditions sommaires.

Remise audit sieur Texier, Noel-Hippolyte, de 80 p. 100 en principal, intérêts et frais. Les 20 p. 100 non remis payables par quart en 4 ans, les 17 décembre 1851, 1852, 1853 et 1854. (9529 du greffe.)

TALBOTIER, Victor, agent d'affaires, rue de Bondy, 50. — Jugement du 10 mars 1851, lequel homologue le concordat passé entre ledit sieur Talbotier et ses créanciers le 15 février même année.

Conditions sommaires.

Remise audit sieur Talbotier de tous intérêts et frais et de 90 p. 100. Les 10 p. 100 non remis payables en quatre ans, par quarts, les 15 mars 1852, 1853, 1854 et 1855.

(9291 du greffe.)

TURGARD, entrepreneur de menuiserie, 53, rue Grange-aux-Belles. —Jugement du 30 août 1850, lequel homologue le concordat passé le 17 août même mois entre le sieur Turgard et ses créanciers.

Conditions sommaires.

Remise audit sieur Turgard de 88 p. 100, moyennant l'abandon de sommes à lui dues par l'état et le chemin de fer de Strasbourg, et de 12 p. 100 en quatre paiements de 3 p. 100, les 1ᵉʳ septembre des années 1852, 1853, 1854 et 1855. Huet nommé commissaire.   (9465 du greffe.)

WRIGHT, Georges-Henri, commissionnaire en drogueries, rue de Provence, 1. — Jugement du 18 septembre 1850, lequel homologue le concordat passé entre le sieur Wright et ses créanciers, le 4 septembre même mois.

Conditions sommaires.

Remise audit sieur Wright de 85 p. 100 en principal, intérêts et frais. Les 15 p. 100 non remis payables en trois paiements de 5 p. 100, les 15 septembre 1851, 1852 et 1853.

(9282 du greffe.)

VARENNES, François, terrassier, à la Chapelle-Saint-Denis, rue des Tournelles, 9. — Jugement du 25 novembre 1850, lequel homologue le concordat passé entre le sieur Varennes et ses créanciers le 2 novembre même année.

Conditions sommaires.

Remise des intérêts et frais et de 88 p. 100 sur le capital. Les 12 p. 100 non remis payables par quarts, d'année en année, les 2 novembre 1851, 1852, 1853 et 1854.

(9493 du greffe.)

WEBER, Daniel, ébéniste et fabricant de caisses de pianos, rue des Trois-Bornes, 26. — Jugement du 4 novembre 1850, lequel homologue le concordat passé entre le sieur Weber et ses créanciers le 9 octobre même année.

Conditions sommaires.

Remise audit sieur Weber de 85 p. 100 en principal, intérêts et frais. Les 15 p. 100 non remis payables par cinquièmes, les 10 octobre des années 1851, 1852 et suivantes.

. (9533 du greffe.)

VERGÉ, Charles-Pierre, tapissier, boulevart de la Madeleine, 15. — Jugement du 29 novembre 1850, lequel homologue le concordat passé entre le sieur Vergé et ses créanciers le 19 novembre même année.

Conditions sommaires.

Remise de 75 p. 100 en capital, intérêts et frais. Les 25 p. 100 non remis payables en cinq ans, par cinquièmes, les 12 novembre 1851, 1852 et années suivantes.   (9565 du greffe.)

VALLADE (D^me), née Reine GIRARDOT, entrepreneur de lavoir, rue de Montreuil, 115. — Jugement du 5 février 1851, lequel rapporte celui du 25 octobre 1850, qui déclare ladite dame en faillite avec son mari, et dit qu'elle sera remise au même et semblable état qu'auparavant.

(9650 du greffe.)

RÉPARTITIONS DE DIVIDENDES

DATES des publications.	NOMS des faillis.	N° du greffe.	NOMS des syndics commissaires répartiteurs.	CHIFFRES des répartitions.	UNIQUE ou 1re ou 2e ou 3e etc., etc.
1851. Janv. 31	Auerbach.	9215	Huet.	6 p. 100.	1re rép.
1850. Août 2	Benoît (dlle).	9227	Breuillard.	15 »	id.
» » 8	Bron, Jean-L.	9306	Huet.	10 »	id.
» Déc. 5	Bizeray.	9471	Maillet.	8 97	unique.
» Août 28	Chappart.	9318	Millet.	15 »	1re rép.
» Déc. 22	Le même.		Id.	2 50	2e et der
» » 28	Courtois jeune.	9419	Battarel.	20 »	1re rép.
» Août 29	Clautrier.	8820	Magnier.	4 65	unique.
» Nov. 23	Dizengremel.	9402	Breuillard.	10 »	1re rép.
» Déc. 13	Fordebras.	9421	Boulet.	11 10	unique.
1851. Janv. 30	Fourches.	9489	Pascal.	16 58	id.
» Fév. 10	Guche.	9372	Decagny.	6 23	Id.

DATES des publications.	NOMS des faillis.	Nº du greffe.	NOMS des syndics commissaires répartiteurs.	CHIFFRE des répartitions.	UNIQUE ou 1re ou 2e ou 3e etc., etc.
1850. Déc. 10	Guichard.	9375	Richomme.	8 25 %	unique.
» » 20	Guérin.	9590	Herou.	50 »	1re rép.
» » 23	Gobillot.	9664	Richomme.	9 49	unique.
» » 29	Gregeois.	9550	Lefrançois.	20 »	1re rép.
1851. Fév. 8	Id.	id.	Id.	25 »	2e rép.
1850. Déc. 18	Huard.	9252	Sergent.	7 55	unique.
1851. Mars 6	Hemont.	9497	Baudouin.	17 59	id.
» Fév 18	Horliac.	9559	Sergent.	5 96	id.
1850. Déc. 27	Juliot.	9511	Portal.	10 27	id.
1851. Janv. 12	Lamarre.	9276	Boulet.	5 26	id.
1850. Oct. 6	Langlois (Ve).	9277	Henrionnet.	5 02	id.
» Nov. 16	Luuyt, banquier.	9254	Duval Vaucluse	57 »	1 rép.
1851. Mars 50	Le même.	id.	Id.	5 »	2e rép.
1850. Juin 22	Léoutre et Ce.	9357	Boulet.	80 »	1re rép.
» » 12	Lebeau.	8770	Portal.	7 95	unique.
1851. Déc. 25	Lestievant.	9709	Id.	6 »	1re rép.
1850. Nov. 23	Laidet.		Sergent.	10 67	unique.

DATES des publications.	NOMS des faillis.	N° du greffe.	NOMS des syndics commissaires répartiteurs.	CHIFFRE des répartitions	UNIQUE ou 1re ou 2e ou 3e etc., etc.
1830. Mai 29	Moutier.	9183	Breuillard.	4 19 %	unique.
» Avril 30	Monjauze.	8827	Pascal.	2 13	id.
» Nov. 21	Picard.	9334	Huet.	5 76	id.
» Août 2	Renet (Dlle).	9226	Breuillard.	15 »	1re rép.
id.	Rocher-Lemery.	8790	Magnier.	15 01	unique.
» Oct. 23	Simon et Ce.	9624	Geoffroy.	60 »	1re rép.
» Août 13	Véron et Moreau.	9267	Huet.	15 »	id.
1831. Mars 26	Valot.	9055	Geoffroy.	» 75	id.
1830. Janv. 25	Vacher.	8940	Sergent.	4 »	id.
» Oct. 16	Le même.	id.	Id.	6 »	2e rép.
1831. Mars 18	Le même.	id.	Id.	2 8	3e et dre

CLOTURES

POUR CAUSE D'INSUFFISANCE D'ACTIF.

DATES.	NOMS ET DEMEURES DES FAILLIS.	Nos du Greffe.
1850. Juin 6	ALABEATRICE, boulanger à Batignolles.	9028
» Mars 11	BIGOT, fabr. de poterie, rue Popincourt, 24.	9078
» Oct. 16	BOYER, marchand de vin, rue Saint-Germain-l'Auxerrois, 21.	9283
» Janv. 26	BOUTHELIER, tapissier, faubourg Saint-Denis, 121.	9408
» Juin 6	CHAGNIAT, charron, rue de la Roquette, 57.	9211
» Oct. 1er	CHAUMEIL, colporteur, rue des Vinaigriers, 27.	9245
» Juin 13	CARRIOL, serrurier à Belleville, rue de Paris, 162.	9414
» Juil. 1er	DUFOUR, veuve, hôtel de l'Union, rue Saint-Martin, 256.	9501
» Nov. 29	DROMERRY, ancien négociant, rue de Boursault, 2.	9542
» Oct. 1er	DUPONT, ancien loueur de voitures, à Batignolles.	9573
» Juil. 1er	DAMAY, agent d'affaires, rue Dauphine, 32.	9355
» » 12	DELHAYES, marchand de Bois à la Villette, rue de Flandres, 40.	9498
» » 26	DERAINNE, fabr. de gants, rue Saint-Denis, 257.	9555
» Oct. 3	DROUIN, François, fabr. de briques à Belleville.	9502
» Juill. 12	DUBOIS, restaurateur, rue Jeannisson, 9.	9511

DATES.	NOMS ET DEMEURES DES FAILLIS.	Nos du Greffe.
» Avril 11	ENKEL, ébéniste, faubourg Saint-Antoine, 123.	9364
» Sept. 18	GADINAT, tenant maison meublée, rue Pagevin, 16.	9577
» Déc. 26	GOGNOUX, marchand de vins, à Saint-Mandé.	9615
» Juil. 1er	GIROIX, rue Saint-Martin, 21.	9499
» Sept. 17	LAMY, négociant, rue de Flandres, 18, à la Villette.	9437
1831 Janv. 31	LEBON, Mme, marchande des quatre saisons, rue des Deux-Boules, 2.	9567
» Nov. 13	LEGRAND, Mlle, café et liqueurs, faubourg Poissonnière, 24.	9430
» Juin 25	LUCOTTE, boulanger, rue Droin-Quintaine, 24, à la Villette.	9532
» Sept. 20	MAUPERIN, fabr. de cigares, rue Pierre-Levée, 10.	9486
» » 16	MONEY, limonadier, rue Grange-aux-Belles, 24.	9600
» Juil. 1er	MULOT, Mlle, marchande de dentelles, rue Mazarine, 47.	9536
1850 Mai 17	PARIS, charron, rue Napoléon, 6, à Belleville.	9336
» Nov. 29	POTONIÉ, scieur à la mécanique, quai Jemmapes, 230 bis.	9060
» Avril 2	ROULAND, Mme, couturière, rue Neuve-des-Mathurins, 49.	9412
» Juil. 26	STOFFER, entrepreneur de peintures, rue Neuve-des-Mathurins, 50.	9524
» » 5	TOUSSAINT, limonadier, rue de Rohan, 26.	9495
» » 22	VERD, fabr. de Brosses, rue Saint-Denis, 250.	9314

RÉHABILITATIONS.

Néant en ce qui concerne les années 1848, 1849 et 1850.

AUTORISATIONS

DE FAIRE LE COMMERCE.

———

D'un acte reçu par M. le juge de paix du 3ᵉ arrondissement de Paris le 28 septembre 1850, enregistré, il appert :

Que M. Joseph-François-Adolphe BENOIST, garnisseur de tissus en chapellerie, demeurant rue du Cadran, 17, a émancipé la demoiselle Mathilde-Esther BENOIST, sa fille, et l'a autorisée à entreprendre le commerce qu'il lui plairait choisir.

D'un procès-verbal dressé par M. le juge de paix du 11ᵉ arrondissement de Paris le 2 mars 1850, il appert :

Que M. Gabriel BOULAY, entrepreneur de maçonnerie, rue de Vaugirard n. 149, a émancipé Gabriel-Jean-Félix BOULAY, son fils, agé de 19 ans, et l'a autorisé à faire le commerce.

Suivant délibération du conseil de famille du mineur Isidore-Louis CADOT, sous la surveillance de M. le juge de paix du

3ᵉ arrondissement de Paris le 2 mai 1850, homologuée par jugement du tribunal de commerce de la Seine du 18 du même mois, il appert :

Que ledit sieur CADOT a été émancipé d'âge et autorisé à faire le commerce de marchand d'instruments de musique qu'exploitaient ses père et mère, passage du Saumon.

Par acte sous signature privée du 6 février 1850, enregistré et déposé au greffe du tribunal de commerce de la Seine, il appert :

Que Mᵐᵉ Anne Septfonds, épouse non commune en biens de M. Joseph GARDES, marchand de bois et charbons, rue Aubry-le-Boucher, 49 bis, a été autorisée à faire le commerce.

D'un acte dressé par M. le juge de paix du 3ᵉ arrondissement de Paris le 3 décembre 1850, enregistré, il appert :

Que M. GAUTHIER, courrier, rue Paradis-Poissonnière, 1, a émancipé Mˡˡᵉ Laure GAUTHIER, sa fille, âgée de 20 ans accomplis, et l'a autorisée à entreprendre le commerce.

Suivant déclaration faite devant M. le juge de paix du 1ᵉʳ arrondissement de Paris, le 26 octobre 1850, il appert :

Que M. Alexandre-Eusèbe QUILLET, vinaigrier, rue Saint-Nicolas-d'Antin, 8, a émancipé le sieur Alexandre-Victor-Clément QUILLET, son fils, âgé de 18 ans, et lui a conféré l'autorisation de faire le commerce, conformément à l'art. 2 du code de commerce.

Suivant déclaration faite devant M. le juge de paix du 11e arrondissement de Paris le 8 septembre 1850, il appert :

Que M. Jean-Denis THORELLE et dame Geneviève-Henriette Thomas, son épouse, brocheurs assembleurs, rue Mézières-Saint-Germain, 6, ont émancipé leur fils mineur, Gustave-Albert THORELLE, âgé de 18 ans révolus, et l'ont autorisé à faire le commerce.

SOCIÉTÉS COMMERCIALES

ET DISSOLUTIONS
(1850).

NOTA. — On pourra prendre à l'Administration le nom des associés dans chaque Société.

DATES des publications.	RAISONS SOCIALES ET SIÉGES.	DURÉE.	OBSERVATIONS.
1850. Mars 16	ALART et compagnie, rue Ménilmontant, 95.	20 ans.	
» Juin 26	ALBERT Eissen, voitures de remises, rue de Bondy, 40.	id.	
» Août 3	ALEXANDRE et compagnie, hôtel garni, rue Castiglione, 5.		
» Sept. 1er	ALLAIS et compagnie, voitures publiques, chaussée du Pont, 3, à Boulogne.	10 ans.	
» Mars 6	AMULLER et compagnie, tuiles, Faubourg-Poissonnière, 51.	9 ans.	
» Déc. 13	ANSELME, Félix, et BARON, limonadiers, rue des Martyrs, 21.	id.	
» » 28	ANTERRIEUX et MARNIEN, remplacements militaires, rue de la Pelleterie, 1.	5 ans.	
» Nov. 8	ANTHEAUME et PETIT, imprimeurs-lithographes, rue Montmorency, 2.	2 ans.	
» Déc. 27	AOUST et compagnie, nouveautés, rue des Jeûneurs, 40.	5 ans.	
» Janv. 13	ARCHIAS, SÉJOURNÉ et compagnie, banquiers, rue de Provence, 61.	6 ans.	
» Août 17	ARCHIER, Louis, et compagnie, fruits secs et verts, rue Baillet, 4.	4 ans.	
» Avril 9	ARCHINARD et compagnie, maison meublée, carrefour de l'Odéon.	id.	Dissoute 20 Nov. 1850.
» Nov. 12	ARMET, STEINHEIL et VIVIEN, march. de quinquinas, rue Vieille-du-Temple, 21.	15 ans.	

DATES des publications.	RAISONS SOCIALES ET SIÉGES.	DURÉE.	OBSERVATIONS.
1850. Janv. 15	ASSOCIATION d'ouvriers en portefeuilles, rue Michel-le-Comte, 37.	09 ans.	
» » 3	ASSOCIATION d'ouvriers boulangers, à la Villette, rue Mogador, 13.	id.	
» » 15	ASSOCIATION de cuisiniers, rue Saint-Victor, 82.	id.	
» Fév. 26	ASSOCIATION de tailleurs, Faubourg-Saint-Denis, 23.	id.	
» Juin 30	ASSOCIATION de bourreliers, à Batignolles.	id.	
» Oct. 26	ASTIER et compagnie, vins en gros, à Bercy, port 1er.	3 ans.	
» Juin 9	AUBERT, Alex., et GÉRARD, caoutchoucs, à Grenelle, rue du Théâtre, 100.	11 ans.	
» Août 4	AUBLIN et VAGNEUR, café-concert, rue Madame, 27.	12 ans.	
» Sept. 25	AUCLAIRE et DUVELLEROY, boulangers, rue de Viarmes, 29.	20 ans.	
» Janv. 6	AUDAN et compagnie, commissionnaires en marchandises, rue des Vieux-Augustins, 27.	6 ans.	
» Juill. 10	AVRIAL frères et compagnie, commissionnaires en marchandises, Paris et Rio Janeiro.		

B.

» Déc. 18	BACHELLERY, J., et compagnie, institution, rue du Rocher, 52.	18 ans.	
» » 11	BAGNOST, GALIBER et compagnie, vins et eaux-de-vie, à la Villette, r. de Flandre, 47.	6 ans.	
» » 31	BALTHAZARD et compagnie, limonadiers, rue Richelieu, 26.	15 ans.	
» Sept. 25	BARA mère et fille, robes, rue Laffitte, 9.	5 ans.	

DATES des publications.		RAISONS SOCIALES ET SIÉGES.	DURÉE.	OBSERVATIONS.
1850. Mai	30	BARABAN et BICHET, brevet d'un porte-plume, rue Rochechouart, 33.	15 ans.	
» Déc.	24	BARBIER jeune, articles de Roubaix, rue des Lavandières-Sainte-Opportune, 12.	8 ans.	
» Août	16	BAROCHÉ et PRUNIER, sculpteurs, à Batignolles.	3 ans.	
» Août	9	BARBEDIENNE et compagnie, sculpteurs, boulevart Poissonnière, 30.	5 ans.	
» Juill.	9	BARBIER et LANGLOIS, marchands de rubans, rue de la Feuillade, 2.	9 ans.	
» Sept.	13	BARDENAT et DELARUE, draps et nouveautés, rue des Deux-Boules, 12.	6 ans.	
» Oct.	25	BASIRE, agent de change, rue de la Victoire, 61.	id.	
» Mars	24	BASTARD, Alf., et compagnie, transports, rue d'Amsterdam, 16.	id.	
» Oct.	4	BARTHÉLEMY et compagnie, cuisiniers, rue Feydeau, 26.	10 ans.	
» Mars	5	BARTHÈS fils et BASTIÉ, draps, rue Coquillière, 33.	5 ans.	
» Juin	2	BAUDRY et compagnie, marchand de vins, rue Louis-le-Grand, 25.	10 ans.	
» Janv.	3	BAUDUIN et TESSIER, marchands de bois, à la Chapelle-Saint-Denis.	6 ans.	
» Sept.	22	BAYARD de la VINGTRIE, sucres, rue St-Guillaume, 29.	11 ans.	
» Juill.	11	BAYOT, BOISSAYE et JAUNEZ-SPOUVILLE, goudrons, rue de Provence, 61.	15 ans.	
» Août	21	BAZILE et compagnie, commissionnaires en marchandises, rue Laffitte, 1.		
» Juin	8	BAZIN-DUPRÉ frères, draps et laines, à St-Denis.	5 ans.	
» Mai	26	BEAU et compagnie, industrie électro-métallurgique, passage Saulnier, 6.		Dissoute le 29 Oct. 1850.
» Déc.	13	BEAUBOEUF frères, instruments de musique, rue Saint-Denis, 268.	15 ans.	

DATES des publications.	RAISONS SOCIALES ET SIÉGES.	DURÉE.	OBSERVATIONS.
1850. Juin 5	BEDOILLE et compagnie, scierie de marbre, quai Valmy, 17.	15 ans.	
» Mai 51	BEKAERT, C., et compagnie, vente de Gutta-Perka, rue d'Enghien, 40.	14 ans.	
» Avril 27	BELLANGER et FLEURY, tabletterie, place Saint-Nicolas, 2.	10 ans.	
» Déc. 29	BELLET frères et compagnie, commissionnaires en marchandises, r. Grange-Batelière, 17.	5 ans.	
» Avril 7	BILLOIS et compagnie, assurance contre les faillites, à Paris.	99 ans.	
» Juin 28	BÉNARD et compagnie, imprimeurs, rue Damiette, 2 et 4.	7 ans 6 mois.	
» Mai 12	BÉNARD et REDOUX, épicerie, rue Saint-Merry, 19.	6 ans.	
» » 11	BERCE, PATURAL et CHAPSAL, boutons, place de la Borde, 14.	10 ans.	
» » 15	BENELLI et BURLE fils, agence théâtrale, rue de Choiseul, 10.	9 ans.	
» Janv. 5	BENOIST et compagnie, produits chimiques, rue Monthyon, 11.	10 ans.	
» Fév. 17	BERLIN-LAGOGUEY, nouveautés, rue St-Martin, 260.	5 ans.	
» Mai 1er	BERNE et BRUNARD, châles, place des Victoires, 6.	7 ans.	
» Juin 26	BERT, Emile, et compagnie, épicerie, rue du Cygne, 7.	9 ans.	
» Nov. 12	BENOIT et BILLOT, eau philodermine, rue Rambuteau, 50.	6 ans.	
» Avril 28	BENOIST D'AZY et compagnie, exploitation des mines, à Paris.	50 ans.	
» Juill. 27	BÉRARD et compagnie, exploitation de la houille, à Paris et à Bruxelles.	15 ans.	
» Sept. 15	BERINGER ainé et compagnie, rubans, à Paris.	6 ans.	
» Août 14	BERRY et compagnie, bureau de placement, rue du Temple, 85.		

DATES des publications.	RAISONS SOCIALES ET SIÉGES.	DURÉE.	OBSERVATIONS.
1850. Déc. 11	BERTHOUD, Louis, et compagnie, banquiers, rue Richer, 15.	5 ans.	
» Nov. 11	BERTÈCHE, CHESNON et compagnie, draps, rue des Fossés-St-Germain-l'Auxerrois, 29.	6 ans.	
» Janv. 6	BESSE et MAUGÉ, brosses, rue Quincampoix, 83.	10 ans.	
» Oct. 16	BEZAULT, Jules, et compagnie, chaudronnerie, rue des Vinaigriers, 18.	20 ans.	
» Août 1er	BION, DUVAL et compagnie, exploitation des mines d'or, rue de l'Arbre-Sec, 33.	5 ans.	
» Mai 3	BIEZ, DELAFOLIE et compagnie, établissement culinaire, rue de la Verrerie, 15.		
» Août 2	BILLIET et HUOT, laines, rue du Sentier, 33.	6 ans 3 mois.	
» Mai 12	BILLOT et compagnie, mérinos, rue de Cléry, 31.	15 ans.	
» Sept. 3	BION, EDMOND et compagnie, constructions de maisons en Californie, r. de l'Arbre-Sec, 33.	5 ans.	
» Nov. 7	BLAIN et compagnie, commissionnaires en marchandises, rue Saint-Georges, 16.	50 ans.	
» » 15	BLANCHARD et compagnie, matière contre la vapeur, rue Navarin, 20.	15 ans.	
» » 21	BLANCHET, C., et compagnie, bateaux remorqueurs, r. Notre-Dame-des-Victoires, 38.	5 ans.	
» Juin 8	BLOCH aîné et EMERIQUE, habillements, rue du Bouloi, 4.	8 ans.	
» Août 5	BLOUET et compagnie, exploitation des mines d'or, place de la Bourse, 5.	5 ans.	
» Nov. 29	BOEHLER, remplacements militaires, rue Lepelletier, 9.	3 ans.	
» Janv. 15	BOGAERT frères, chaussures, rue Ménilmontant, 75.	9 ans.	
» Oct. 30	BOIGUES et compagnie, forges, à Paris et à Fourchambault.		
» Mars 17	BOIVIN fils et compagnie, factorerie, rue de la Jussienne, 15.		Dissoute le 7 Juin 1850.

DATES des publications.	RAISONS SOCIALES ET SIÉGES.	DURÉE.	OBSERVATIONS.
1830. Mars 9	BONNIOT, MARTIN et LEFÈVRE, broderies, rue Neuve Saint-Eustache, 31.	9 ans.	
» Janv. 4	BONTANT et PARISSE, tire-bottes, rue Crussol, 12.	15 ans.	
» » 25	BOQUET frères et MARTIN, draperie, rue des Bourdonnais, 11.	5 ans.	
» Août 29	BOSSON, FIÉVET, LEROY et compagnie, typographie, rue du Paon, 2.	99 ans.	
» Mai 4	BOTTIN et compagnie, Almanach, rue Jean-Jacques-Rousseau, 20.	15 ans 6 mois.	
» » 31	BOUCHARD et compagnie, transport du gaz, Faubourg-Saint-Denis, 78.	18 ans.	
» Août 25	BOUCHÉ et compagnie, restaurateurs, rue Dauphine, 44.	9 ans.	
» Avril 11	BOUCHÉ, Edouard, et compagnie, éclairage au gaz, passage Saulnier, 7.	14 ans.	
» Mars 20	BOUDIER et MAISONNEUVE, nouveautés, faubourg du Temple, 78.	5 ans.	
» Janv. 15	BOUFFARD-BIMONT et DORAT, dentelles, rue Poissonnière, 20.	id.	
» Déc. 21	BOULARD et compagnie, velours, rue des Fossés-Montmartre, 11.	12 ans.	
» Janv. 29	BOULLANGER et compagnie, impression sur étoffes, à Saint-Denis.	5 ans.	
» Déc. 10	BOURDAIS et compagnie, combustibles, barrière Montmartre, 37.	10 ans.	
» Juin 6	BOURDONELT et COUDERC, maison de santé, rue Picpus, 6 et 6 bis.	19 ans 6 mois.	
» Sept. 20	BOURDON, Adolphe et compagnie, assurance contre les faillites, rue Richelieu, 192.	99 ans.	
» Oct. 29	BOURGEOIS aîné et BERNARD, bois et charbons, à Batignolles.	4 ans.	
» Août 8	BOURGEOIS et ORIANNE, bijouterie, rue du Temple, 22.	5 ans.	
» Mars 14	BOUTAREL père et fils, teintures, rue et île Saint-Louis, 104.	20 ans.	

DATES des publications.	RAISONS SOCIALES ET SIÉGES.	DURÉE.	OBSERVATIONS.
1830, Août 14	BOUTEILLER, Ch., et compagnie, mines d'or, rue Taitbout, 13.	0 ans.	
» » 23	BOUYER et compagnie, maçonnerie, rue Saint-Victor, 155.	99 ans.	
» Sept. 11	BRASSIER et LAPIERRE, fleurs artificielles, faubourg Saint-Martin, 61.	3 ou 6 ans.	
» Avril 11	BRECOURT, E., et BOUEZ père et fils, cotons filés, rue Paradis Poissonnière, 24.	3 ans.	
» Mars 30	BRESSON, Jacques et compagnie, cours de la bourse, place de la Bourse, 31.	25 ans.	
» Janv. 10	BRETON et JOLY, épicerie, rue Aubry-le-Boucher, 27.	13 ans.	
» Nov. 23	BRICARD et CALLMANN (Dᶫᶫᵉˢ), modes, rue Richelieu, 38.	11 ans.	
» Janv. 5	BRIERE, Th., et LEDERER, brasserie, à Batignolles.	3 ans.	Dissoute le 23 juill. 1830.
» » 4	BRISSAC et compagnie, fonderie de cuivre, rue Pinon, 10.		
» Nov. 27	BRIVES, Jacques, VIÉ et compagnie, journal Vote universel, rue J.-J. Rousseau, 3.	30 ans.	
» Janv. 31	BROCHE et DUVAL, nouveautés, rue Saint-Honoré, 53.	13 ans.	
» » 16	BROCHET et LAVESVRE, tulle-crêpe, rue des Fossés-Montmartre, 21.	10 ans.	
» Sept. 24	BRON CHALOINT et compagnie, vannerie, à Saint-Denis.	id.	
» » 20	BROT père et fils, tapisserie-miroiterie, passage du Caire.	12 ans.	
» Oct. 13	BROUQUENS, J. de, et comp., exploitation mines de cuivre, r. Basse-du-Rempart, 18.	30 ans.	
» Sept. 7	BRUNET et compagnie, chocolat, rue Grange-Batelière, 3.	10 ans.	
» Juin 16	BUHNER et compagnie, vins et liqueurs, rue Richelieu, 64.	9 ans.	

DATES des publications.	RAISONS SOCIALES ET SIÉGES.	DURÉE.	OBSERVATIONS.
1850, Nov. 9	BUSCARLET et GUIBERT, gants, Paris et Milbau (Aveyron.)	6 ans.	
» Avril 17	BUSCH et HAMMER, porte-monnaie, rue Rambuteau; 57.	20 ans.	
	C.		
» Janv. 27	CAFFIN et compagnie, lave fusible, boulev. Saint-Denis, 12.	15 ans.	
» Mai 4	CAGE et compagnie, assur. maritimes, rue Notre-Dame-des-Victoires, 19.	10 ans.	
» Déc. 25	CAIL, J. F., HALOT et compagnie, chaudronnerie, à Denain (Nord.)	14 ans.	
» Fév. 16	CAILLAULT et compagnie, librairie, rue de la Victoire, 9.	3 ans.	
» » 18	CALLOU, G., et fils, bâtiments, boulevart Poissonnière, 19.	5 ans.	
» Avril 10	CAMILLE de CHOISY et compagnie, imprimeurs, rue Feydeau, 7.	50 ans.	
» Janv. 3	CAMUSET, Emile, produits chimiques, à Paris.	7 ans.	
» » 9	CANDEBAT, Polynice, et PELLOTTIER, soieries, rue Neuve-des-Petits-Champs, 27.	9 ans.	
» Oct. 16	CAPLAIN, Saint-André, fils et gendre, marchands d'or, rue Michel-le-Comte, 32.	id.	
» Fév. 7	CARON et compagnie, couverts en maillechort, rue Charlot, 26.	5 ans.	
» Août 9	CARON et Maxime MARGUERITTE, verrerie, à Grenelle, rue Saint-Louis.	12 ans.	
» Oct. 6	CARRÉ et compagnie, imprimeurs lithographes, impasse de la Grosse-Tête, 5.	6 ans.	
» » 15	CASSELIN et compagnie, café Frascati, boulevard Montmartre.	5 ans.	

DATES des publications.	RAISONS SOCIALES ET SIÉGES.	DURÉE.	OBSERVATIONS.
1850. Juill. 11	CAVEL et compagnie, Société San-Francisco, à La Villette, rue de Flandre, 15.	10 ans.	
» Fév. 2	CAVILLE, T., et Louis COHAGNE, mercecerie, rue Saint-Denis, 172.	3 ans.	
» Juill. 18	CERF, BEER, MAY et compagnie, ganterie, à New-York.	5 ans.	
» Oct. 12	CHABERT et BARBIER, tapissiers, rue des Moulins, 19.	id.	
» Juill. 14	CHABRIÈ frères et sœur, ferblantiers, rue Saint-Denis, 300.	8 ans.	
» Avril 13	CHALE et compagnie, abattage des bestiaux, à Bagnolet.	10 ans.	
» Mai 10	CHALON et compagnie, limonadiers, rue S.-Gilles, 8.	99 ans.	
» Déc. 29	CHAMBON et compagnie, exploitation de mines, rue des Filles-Saint-Thomas, 7.	50 ans.	
» » 28	CHAMPAUX et PONSART, commissionnaires en liquides, rue de Malte, 18.		
» Fév. 24	CHAMPÉ et compagnie, peintures, faubourg Saint-Antoine, 271.	3 ans.	
» Nov. 13	CHANOU, Constant, et compagnie, couleurs sur porcelaine, rue des Trois-Bornes, 9.	15 ans.	
» Août 9	CHANSON, F.-J., et compagnie, broderies, rue de Choiseul, 3.		Dissoute le 16 Oct. 1850.
» Oct. 29	CHANTREL et CHANTREL (veuve), toiles, rue Saint-Martin, 10.		
» Sept. 12	CHANUSSOT et compagnie, cuirs et peaux, rue Marbeuf, 59.	15 ans.	
» Juin 6	CHAPSAL et compagnie, transport de marchandises, rue Pigale, 33.	5 ans.	Dissoute le 11 Déc. 1850.
» Avril 16	CHAPUT, Théodore, et compagnie, fers de chevaux, boulevart Pigale, 38.	15 ans.	
» Nov. 23	CHAPPUIS, J.-A., broderies, rue de Cléry, 11.	7 ans.	
» Sept. 28	CHAPSAL frères, métaux, rue des Tournelles, 8.	4 ans.	

DATES des publications.	RAISONS SOCIALES ET SIÉGES.	DURÉE.	OBSERVATIONS.
1850. Sept. 5	CHARLES BAUDY et compagnie, appareils à gaz, rue du Grand-Saint-Michel, 20.	5 ans.	
» Mars 27	CHARPENTIER, E., et compagnie, Tribune du Peuple, rue Notre Dame-de-Lorette, 34.	20 ans.	
» Fév. 10	CHARPENTIER et compagnie, menuisiers en voitures, rue Saint-Maur-Popincourt, 16.	99 ans.	
» Déc. 28	CHARPENTIER, A., et compagnie, produits étrangers, rue de l'Echiquier, 30.	5 ans.	
» Avril 11	CHARPILLON et compagnie, achat de farines, rue Neuve-du-Luxembourg, 41.	99 ans.	
» Mai 2	CHARTIER, fils, soie et velours, rue Richelieu, 75.	5 ans.	
» Sept. 1er	CHARTIER frères, nouveautés, passage des Petits-Pères, 2.	8 ans.	
» Nov. 5	CHARTIER jeune et compagnie, rouennerie et nouveautés, rue Saint-Martin, 104.	9 ou 12 ans.	
» Déc. 31	CHATELAIN et compagnie, pâtissiers confiseurs, rue Saint-Honoré, 87.	5 ans.	
» Juill. 26	CHAUDROU, L., et compagnie, huiles, à Montmartre.	10 ans.	
» Août 11	CHAUVET et compagnie, mines d'or, rue de Monceau, 10.		
» Oct. 18	CHAUVIN et compagnie, salaisons et beurre, à Grenelle.	5 ans.	
» Juill. 21	CHAVOT, J., DUBIEF et compagnie, comptoir de commerce, Paris.	20 ans.	
» Janv. 27	CHERBULIEZ et compagnie, journal, rue Grange-Batelière, 2.	10 ans.	
» Juin 30	CHRISTEN, MICHEL et compagnie, impressions sur étoffes, à Saint-Denis.	9 ans.	
» » 8	CLOSTER, LEMAIRE et compagnie, institution, rue du Harlay, 11.	50 ans.	
» Déc. 20	CHIBON, COLAS et compagnie, expl. d'une carrière à Gagny, rue Martel, 11.	15 ans.	
» Oct. 18	CHOLLET et compagnie, conserves de légumes, rue Rougemont, 1.	id.	

DATES des publications.	RAISONS SOCIALES ET SIÉGES.	DURÉE.	OBSERVATIONS.
1850. Nov. 5	CHOLLET, FLEURY et compagnie, industrie californienne, rue Gaillon, 25.	4 ans.	
» Janv. 18	CHOUILLOU et VILLEVIELLE, peausscrie, rue Michel-le-Comte, 30.	6, 9 ou 12 ans.	
» Oct. 3	CHRISTOPHE COLOMBE et compagnie, mines d'or, rue Duphot, 22.	99 ans.	
» Juill. 31	CIRIOLI et RONDONI, poêliers fumistes, faubourg Saint-Denis, 156.		Dissolution.
» Janv. 1er	CLÉMENT CUBAIN et compagnie, cuivres rouges, Chandai (Orne).	14 ans.	
» Août 25	CLERC MARGERIDON et compagnie, papiers peints, rue Saint-Bernard, 26.	Id.	
» Sept. 10	CLOVIS, BERNIER et compagnie, chaussures, rue Saint-Martin, 32.	3 ans.	
» Mars 29	COLIN et LABOT aîné, terrassements, rue du Four-Saint-Germain, 40.	4 ans.	
» » 12	COMMERSON et DUVAL, journal le Tintamarre, rue des Filles-Saint-Thomas, 7.	10 ans.	
» Juin 7	COMMERSON et FURPILLE, journal le Tintamarre, rue des Filles-Saint-Thomas, 7.	Id.	
» Avril 27	COMMOLLO et compagnie, commissionnaires en cuirs, rue des Gravilliers, 22.	12 ans.	
» Nov. 29	COMPERE, Ernest, gants, rue Croix-des-Petits-Champs, 50.	6 ans.	
» Sept. 29	CONFIANCE (La), exploitation de l'or, rue des Bons-Enfants, 2.		
» Avril 13	CONNAC et associés, restaurateurs, rue du Four-Saint-Germain, 16.	30 ans.	
» Nov. 15	CONQUET et compagnie, journal la Réforme administrative, rue Béthisy, 21.	15 ans.	
» Fév. 24	CONSTANT et LUCIEN, maison Charrier, rue des Filles-Saint-Thomas, 9.	9 ans.	
» Sept. 5	CONVERSET et GARNIER, restaurateurs, gare du chemin de fer d'Orléans.	18 ans.	
» Août 25	CORBIN (de), BRAULH et BRUNET, tailleurs, place de la Bourse, 8.	12 ans.	

DATES des publications.	RAISONS SOCIALES ET SIÉGES.	DURÉE.	OBSERVATIONS.
1850. Janv. 15	CORROY et fils, tailleur, rue de Richelieu, 29.	10 ans.	
» Déc. 15	COTELLE et compagnie, logements des militaires en campagne, rue de Mazagran, 15.	id.	
» Janv. 26	COUFOURNIER et compagnie, tapissiers, passage de l'Opéra, 24 et 26.	6 ans.	
» Mars 23	COULON et compagnie, esprits, quai Saint-Bernard.	1 an.	
» » 8	COURCELLE, SENEUIL et compagnie, librairie, rue Neuve-Saint-Roch, 39.	5 ans.	
» Oct. 21	COURTILLET, BAYARD et PERCHERON, imprimeurs sur étoffes, à Saint-Denis.	id.	
» Sept. 11	COURTIN et BERAIL, peinture et dorure, rue Neuve-Coquenard, 11.	6 ans.	
» Fév. 7	COUSERAN, LAROQUE et compagnie, draperie, rue Thibautaudé, 8.	id.	
» Août 18	CREMER, Joseph, et compagnie, procédés chimiques, rue de l'Entrepôt, 39.	7 ans.	
» Mars 31	CRETTÉ, LION, JONQUET et compagnie, cordonniers, rue de Rambuteau, 57.	9 ans.	
» Nov. 22	CROCHET et compagnie, compagnie californienne, rue des Rosiers, 2.	10 ans.	
» Mars 26	CROPPIONELE et neveu, fumistes, rue des Mauvais-Garçons-Saint-Jean, 9.	2 ans 10 mois.	
» Fév. 9	CROSSONNEAU et BOQUET, restaurateurs, rue Saint-Marc, 32.	12 ans.	
» Avril 13	CURNIER fils, BRUNEL, N., et compagnie, châles, Nîmes et Paris.	6 ans.	
» Sept. 15	CURTET aîné, VAUVE, DESROYS et compagnie, com. p. le clergé, r. Louis-le-G., 9.	10 ans.	

D.

| » Oct. 1er | DABOVAL et BOREL, commissionnaires en marchandises, rue de Trévise, 35. | 5 ans. | |

DATES des publications.	RAISONS SOCIALES ET SIÈGES.	DURÉE.	OBSERVATIONS.
1850. Juill. 13	DACHÉS, DUVERGER et MÉNAGER, châles, rue Neuve-Saint-Eustache, 7.	4 ans 6 mois.	
» Mai 21	DAGRIN et PHILIPPE, bronzes et meubles, rue du Petit-Carreau, 18.	10 ans.	
» » 9	DALSACE frères, passementeries, rue de Rambuteau, 64.	5 ans.	
» Déc. 11	DALY et compagnie, couverts de table, à Grenelle.	10 ans.	
» Sept. 23	DANIEL, ARON et HESSE, Isidore, confection, rue de la Vrillière, 6.	8 ans.	
» Juin 17	DAMIEN et SAINTON, nouveautés, rue des Fossés-Montmartre, 8.	5 ans.	
» Août 26	DAMYOT, Charles, et compagnie, comptoir des Deux-Mondes, rue Laffitte, 44.	50 ans.	
» Déc. 22	DANTON, Louis, et compagnie, grains et fourrages, rue Lafayette, 59.	21 ans.	
» Sept. 15	DANTONY et sœur, rouennerie, rue Saint-Martin, 122.	6 ans.	
» Juill. 10	DANTZLINGER et GALLEZ, vins, port de Bercy, 10.	8 ans.	
» Fév. 19	D'ARTOUT, Emile, et compagnie, vente de marchandises, rue Saint-Honoré, 168.	5 ans.	
» Août 6	DASSEVILLE et compagnie, banque hypothécaire, place de la Bourse, 8.	99 ans.	
» Nov. 22	DATIN et POISSON, emballeurs, rue Rougemont, 15.	10 ans.	
» Sept. 4	DAUBIN et compagnie, marbriers, rue Boucherat, 14.	99 ans.	
» Mai 19	DAUGNY, industrie californienne, boulevart Bonne-Nouvelle, 29.	2 ans.	
» Mars 3	D'AUREVILLE et CHAMEROY, horlogerie, rue Chapon, 3.	5, 10 ou 15 ans.	
» Janv. 27	D'AUVIGNY, MALIBRAN et compagnie, mines de houille, rue Montholon, 21.		
» Août 50	DAVID et compagnie, grains, vins, bois et charbons, rue Babille, 1.	50 ans.	

DATES des publications.	RAISONS SOCIALES ET SIÉGES.	DURÉE.	OBSERVATIONS.
1850. Fév. 22	DAVID jeune, C.-M., aille le, boulevart des Italiens, 28.		
» Janv. 27	DAVID aîné et compagnie, boîtes en bois, à Grenelle.	15 ans.	
» Mai 16	DAVID et NICOLAS, poterie, à Grenelle.	18 ans.	
» » 31	DAVID aîné et compagnie, usine métallurgique, rue des Vieilles-Audriettes, 1.	15 ans	
» Fév. 24	DEBACQ et LEGOIX, peaussiers, rue Montmartre, 70.	6 ans.	
» Sept. 13	DEBEAUFORT, Ch., et neveu, boules inflammables, quai Valmy, 83.	10 ans 6 mois 14 jours.	
» Nov. 30	DEBIERNE et DESGOUGES, fleurs artificielles, rue Cléry, 39.	11 ans.	
» » 15	DEBLADIS, Pierre, et frères, quincaillerie, faubourg Saint-Antoine, 25.	10 ans.	
» Sept. 12	DEBORDENEUVE, NAVET et MARCHAND, tapisserie, rue Louvois, 12.	15 ans.	
» Déc. 20	DEBOUVILLE et compagnie, journal le *Pays*, faubourg Montmartre, 11.	25 ans.	
» Oct. 16	DEBRAY père et fils, vins, rue Saint-Antoine', 62.	3 ans.	
» Juil. 23	DECHAUMONT et compagnie, avenue Montaigne, 48.	14 ans.	
id.	DECOURCHANT, A.-L., et Ce, expl. des Noncioramas en Angleterre, r. de Richelieu, 92.	15 ans.	
» Mars 6	DEDIEU, MIGNEROT et compagnie, organisation de crédit, rue Louis-le-Grand, 21.	99 ans.	
» Juin 5	DEGOUSÉE et LAURENT, Ch., combustibles, rue Chabrol, 35.	15 ans.	
» Fév. 15	DEQUIL et VERRIER, aîné, équipements militaires, rue Amelot, 60.	10 ans.	
» Janv. 17	DEHESDIN, A., et neveu, chemises, rue Montmartre, 39.	6 ans.	
» Sept. 6	DELACHATRE, Maurice, et compagnie, librairie, rue Notre-Dame-des-Victoires, 32.	30 ans.	Dissoute 20 Nov. 1850.

DATES des publications.	RAISONS SOCIALES ET SIÉGES.	DURÉE.	OBSERVATIONS.
1850. Janv. 31	DELAGRANGE et compagnie, couturières, rue Sainte-Anne, 53.	3 ans.	
» Août 27	DELALEU, Charles, CHERVET et compagnie, vins, à Bercy.	Id.	
» Mai 30	DELAMOTTE, Ch., et compagnie, librairie, rue Vaugirard, 93.	20 ans.	
» Juin 16	DELANOS et PETIT, laitiers, rue du Faubourg-Saint-Denis, 148.	11 ans.	
» Juill. 15	DELAPLACE, LAMBRE et compagnie, vins, à Bercy.	5 ans.	
» Mars 4	DELAPORTE, LEGRAND et compagnie, machines, rue Charenton, 22.		
» Déc. 21	DELARBRE et comp., forges de Fuimalto (Corse), rue du Faub.-Poissonnière, 58.	6 ans.	
» Mai 20	DELAROCHE et CLAUSE, Vie de J.-C., rue Sainte-Anne, 63.	10 ans.	
» Oct. 19	DELAUNAY, veuve, et compagnie, lingerie, place Rivoli, 31.	20 ans.	
» Déc. 5	DELAUNAY et compagnie, école préparatoire à la marine, rue Cadet, 13.	9 ans.	
» » 30	DELCLERGUES et compagnie, chaussures, rue Saint-Denis, 249.	90 ans.	
» Août 13	DELESSERT, Eug., LIGNERON, et compagnie, minière d'or, à San-Francisco.	10 ans.	
» Nov. 19	DELIRON, L., D'AIROLLES et compagnie, l'Irrigation, rue Rougemont, 14.	40 ans.	
» Déc. 7	DEMOUILLES-NOEL sœurs, modes, rue Favart, 8.	10 ans.	
» » 4	DELPECH et LACOST, bains publics, rue Saint-Lazare, 134.	16 ans.	
» Juin 20	DEMONCEAU et DASSIN, verrerie et cristaux, rue des Cinq-Diamants, 18.	12 ans 30 jours.	
» Avril 9	DENAMPS, GREUET, veuve, et compagnie, bronzes, rue des Enfants-Rouges, 8.	7 ans.	
» Janv. 27	DENIS et MOURET, bijouterie, rue Saint-Martin, 112.	6 ans.	

DATES des publications.	RAISONS SOCIALES ET SIÉGES.	DURÉE.	OBSERVATIONS.
1850. Nov. 20	DENISOT et compagnie, bois et charbon, rue du Faubourg-Saint-Martin, 231.	10 ans.	
» Sept. 23	DENOYELLE et compagnie, industrie californienne, rue de Bondy, 26.	Id.	
» Mars 5	DEPESSEVILLE et compagnie, harnais, rue du Caire, 21.		
» Oct. 12	DERAVE-RONAT frères, mousselines, rue Cléry, 42.	10 ans.	
» Sept. 6	DERORY aîné et MASSONAT, écrins et boîtes, rue Pastourel, 10.	5 ans.	
» Nov. 5	DERRIEY, Charles, et compagnie, mineurs belges, rue Lepelletier, 18.	20 ans.	
» Oct. 11	DECAQUENAY et compagnie, assurance la Sauvegarde, rue Richelieu, 79.	10 ans.	
» Juin 9	DESAUZAY DE BEAULIEU et compagnie, bâtiments, rue Grange-aux-Belles, 19.	99 ans.	
» Mars 31	DESHAIS et compagnie, cuisson des plâtres et chaux, rue Bondy, 74.	14 ans.	
» Déc. 14	DESMIRAIL, A., assurance contre la grêle, boulevart Poissonnière, 14.	24 ans.	
» Mai 11	DESOUCHES-FAYARD et fils, bois, quai d'Austerlitz, 45.		
» » 23	DESPAIGNOL et LOURDEL, nouveautés, rue du Faubourg-Saint-Honoré, 59.	6 ans 7 mois.	
» Oct. 15	DESPREZ et compagnie, draperie, rue Saint-Honoré, 116.	6, 12 ou 18 ans.	
» Juill. 11	DESRUES-STALRUEFEN, draperie et nouveautés, rue de La Harpe, 117.	10 ans.	
» Août 10	J. DESTIBAYRE et RAYER, corsets, rue Neuve-du-Luxembourg, 12.	14 ans 6 mois.	
» Sept. 6	D'ETERVILLE, O., et compagnie, banque des émigrants, rue Faub.-Montmartre, 42.		
» Mars 31	DEUTSCH, A., et compagnie, huiles et graines, à La Villette.	7 ans 3 mois.	
» Mai 7	DEVENNE-PULLEUX neveu et LEMOINE, draperies, rue Joquelet, 3.	8 ans 11 mois.	

DATES des publications.	RAISONS SOCIALES ET SIÉGES.	DURÉE.	OBSERVATIONS.
1830. Juill. 26	DEVEUVE et compagnie, café-restaurant, boulevart Bonne-Nouvelle, 34.	3, 6, 9 ou 12 ans.	
» Oct. 24	DEVIN, A., ZIMMERMANN et comp., éclairage au gaz, rue Montmartre, 181.	25 ans.	
» Avril 25	DIDRON et THIBAUD, vitraux d'église, rue Hautefeuille, 13.	4 ans.	
» Mai 18	DILLENSEGER et PATRY, lunettes, rue Frépillon, 8.	6 ans.	
» Fév. 24	DOFARROBO et DAMAZIO, mines de cuivre, à Lisbonne.		
» Déc. 20	DOMINGO et compagnie, fondeurs de cuivre, à Belleville.	10 ans.	
» Avril 14	DONNEAUD et compagnie, bougies, quai Jemmapes, 190.	8 ans.	
» Oct. 18	DOUBLE frères et compagnie, commissionnaires en march., rue de l'Echiquier, 14.	6 ans.	
» Fév. 20	DOUCET, Édouard, et LECLERC, A., lingerie, rue de la Paix, 21.	16 ans.	
» Mars 10	DRAKE et GETTING, chevaux, au bois de Boulogne.	5 ans.	
» Août 3	DRAPEAU DU PEUPLE, journal, boulevart Bonne-Nouvelle, 9.		
» Oct. 15	DREVET, L., et BRUAT, rue du Petit-Lion-Saint-Sauveur, 10.	7 ans.	
» Déc. 14	DREYFOUS aîné et compagnie, denrées coloniales, à Rio-de-Janeiro.	5 ans.	
» Avril 20	DROUERE et compagnie, serruriers, rue de la Chaussée-d'Antin, 59.		
» Déc. 23	DUBOIS, Victor, et compagnie, porcelaines, Ivry, quai de la Gare, 28.	7 ans.	
» » 15	DUBOIS et DEFAIS, torréfaction des fils de laine, rue Salle-au-Comte, 20.	14 ans.	
» Janv. 5	DUBOURCQ et compagnie, divers produits, rue Montmartre, 154.	50 ans.	
» Nov. 23	DUCATEL et compagnie, bijoutiers, rue Michel-le-Comte, 33.	9 ans.	

DATES des publications.	RAISONS SOCIALES ET SIÉGES.	DURÉE.	OBSERVATIONS.
1850. Janv. 3	DUCHATEAU et compagnie, bronzes, rue Amelot, 60.	10 ans.	
» Déc. 22	DUCHEMIN et compagnie, quincaillerie, rue d'Anjou, 21 (Marais).	15 ans.	
» Oct. 16	DUCHESNE et compagnie, eaux minérales, rue Saint-Maur, 163.	8 ans.	
» Avril 26	DUCLOS DE BOUSSOIS et compagnie, mines, à Largentières (Hautes-Alpes).	60 ans.	
» Janv. 31	DUDOT et compagnie, houille, rue Louis-le-Grand, 37.	20 ans.	
» Sept. 26	DUDOT-WERBROUCK et compagnie, houilles de Portes (Gard), ville d'Alais.	60 ans.	
» Août 23	DUFAY, A., frères, papeteries, rue Saint-Merry, 12.	6 ans.	
» Juill. 31	DUMONT, P., et compagnie, société californienne, rue Bleue, 26.	5 ans.	
» Août 16	DUMONT, J., et compagnie, ornements de navires, rue de la Victoire, 12.	20 ans.	
» Mars 19	DUMONT, P., et compagnie, entretien du linge, rue Bleu, 26.	Id.	
» Juill. 11	DUPAQUIER oncle et neveu, fabrique d'outils, rue Montmorency, 43.	6 ans.	
» Mai 18	DUPARCQ et BRIAULT, exportation, passage Saulnier, 16.	5 ans.	
» Août 10	DUPLAN et SALLES, bronzes, rue Saint-Anastase, 11.	10 ans.	
» Mai 11	DUPONCHELLE frères, vernis et couleurs, rue du Grand-Chantier, 7.	15 ans.	
» Juin 27	DUPUIS et compagnie, emballeurs, passage du Cheval-Rouge, 3.		
» Sept. 30	DURAND-ESTACHON et compagnie, équipements militaires, rue Richer, 20.	15 ans.	
» Nov. 11	DURAND frères, paille apprêtée, rue Neuve-Saint-Jean, 19 et 21.	5 ans.	
» Août 23	DUFOUR, Émile, et compagnie, chaux, quai Jemmapes, 212.	12 ans.	

DATES des publications.		RAISONS SOCIALES ET SIÈGES.	DURÉE.	OBSERVATIONS.
1830. Mai	10	DUFOURNET fils et LANOY, commissionnaires, rue d'Enghien, 12.	10 ans.	
» »	17	DUFRASNE et fils, charbon de terre, quai de la Loire, 58 (Villette).	6 ans.	
» Fév.	9	DULAURIER et compagnie, charbon de terre, place Lafayette, 36.	Id.	
» Déc.	20	DUMMICH et HAUEUR, perles, rue Rambuteau, 23.	5, 10 ou 15 ans.	
» Août	15	DUMONT frères, entrepôt de marchandises, rue Mogador, 8 (Villette).	6 ans 6 mois.	
» Nov.	7	DURAND et compagnie, mines de charbon, rue du Helder, 11.	15 ans.	
» Août	31	DUREUILLE, HUBERT et compagnie, chaussures, cité de l'Etoile, 30.	Id.	
» Mars	5	DUREUILLE-COLY et compagnie, chaussures, à Batignolles.	14 ans 70 jours.	
» Sept.	22	DURST, MUNT et compagnie, draps et chapeaux, rue du Caire, 23.	4 ans.	
» Mars	12	DUSAUTOY et compagnie, tailleurs, boulevart des Italiens, 14.	6 ans.	
» »	6	DUVAL et compagnie, serruriers, rue Lenoir-Saint-Antoine, 6.	50 ans.	
» Déc.	19	DUVAL-DESTAINS, agent de change, rue de la Ferme-des-Mathurins, 58.	19 ans.	
» Janv.	19	DUVIGNEAUD et compagnie, articles de bureau, rue des Vieilles-Audriettes, 3.	9 ans.	
» Mars	6	D'YZANN-FREISSINET et compagnie, minerais, rue Taitbout, 39.		

E.

» Sept.	23	ENOUF et compagnie, apprêteurs de plumes, rue Bourg-l'Abbé, 28.		
» Juill.	2	ETIENNE et compagnie, restaurateurs, à Montrouge.	99 ans.	Dissoute 17 Déc. 1830.

DATES des publications.	RAISONS SOCIALES ET SIÉGES.	DURÉE.	OBSERVATIONS.
	F.		
1850. Fév. 20	FABREGUETTES et compagnie, horlogerie et bronzes, rue de Berry, 8.	31 ans.	
» Avril 2	FARCY et PERROT, vins en gros, rue du Petit-Lion-Saint-Sulpice, 12.	11 ans.	
» Mars 2	FARRET père et fils, horlogerie, rue Chapon, 23.	9 ans.	
» » 27	FASQUELLE et compagnie, mines d'or, rue Trévise, 21.		
» Janv. 6	FAUCHER frères et compagnie, encre, à Châblis (Yonne).	12 ans.	
» Déc. 28	FAUCOMPRÉ et compagnie, bougies, à Batignolles.	6 ans.	
» Janv. 25	FAUDOT-RAPARLIER et compagnie, mines d'or, rue Bondy, 14.	id.	
» Juill. 31	FAUVEAU, Jean, et compagnie, bois et charbons, à La Villette.	20 ans.	
» Avril 20	FAY, SEELIG et GEIGER, commissionnaires en marchandises, pass. Saulnier, 14 bis.	2 ans.	
» Août 6	FERMET, SIMONOT et PIGEON, nouveautés, rue Mouffetard, 142.	3 ans.	
» Sept. 5	FEROUILLAT, J.-B., et compagnie, exportation, rue Hauteville, 30.	10 ans.	
» Janv. 11	FESQ et compagnie, ferraille, rue de la Madeleine, 8.	10 ans 3 mois	
» Avril 3	FLAMANT et compagnie, cuisiniers, boulevard de Belleville, 34.	99 ans.	
» Mai 23	FLEURY et compagnie, Toison-d'Or, rue Richer, 42.	2 ans.	
» Sept. 7	FLEURY DE SAINT-LAURENT et Cⁱ, société californienne, r. des Trois-Frères, 22.	10 ans.	
» Août 0	FLEURY, FRICOT BREANT et compagnie, fleurs artificielles, rue Thévenot, 4.	1 an.	

DATES des publications.		RAISONS SOCIALES ET SIÉGES.	DURÉE.	OBSERVATIONS.
1850. Mai	15	L. FOEX et compagnie, lampes et ornements d'église, rue Notre-Dame-de-Nazareth, 25.	6 ans. 5 mois.	
» »	7	FOUCHER, Frédéric, et LEBLOND, laines, rue des Deux-Portes-Saint-Sauveur, 22.	6 ans.	
» Nov.	28	FOUCHER, frères, serruriers, rue Vieille-du-Temple, 101.	15 ans	
» Mars	20	FOULON et compagnie, ébénisterie, rue de la Roquette, 53.	30 ans.	
» »	21	FOURÉ, et compagnie, vins en gros, Grenelle.	10 ans.	
» Avril	22	FOURNIER, A., et C. GESTER, commissionnaires, rue de l'Échiquier, 36.	4 ans.	
» »	50	FOURQUEMIN et GODET, dessins pour châles, rue Neuve-des-Bons-Enfants, 25.	Id.	
» Oct.	5	FOUQUET, frères, commissionnaires, rue de Paradis-Poissonnière, 32	5 ans.	
» »	3	FRANÇOIS et compagnie, industrie californienne, Villette, rue de Flandre, 112.	10 ans.	
» Sept.	26	FRÉCOURT, Charles, et compagnie, journal l'Écho agricole, rue Coquillière, 12 bis.	Id.	
» Août	10	FREMIET et compagnie, cartonnage, rue du Temple, 63.	12 ans.	
» Fév.	6	FROMONT et compagnie, bijoutiers, rue Michel-le-Comte, 37.	4 ans.	
» Août	2	FUGÈRE, H., et L. GRADOS, zing, rue Amelot, 62.	8 ans.	
» »	24	FUNCK SPIES et compagnie, laines, rue Bleu, 27.	5 ans.	
» Nov.	6	FURNE, fils, et compagnie, imprimerie en taille-douce, rue Gît-le-Cœur, 8.	8 ans 6 mois.	

G.

| » Mars | 20 | GADY, FUSELLIER et TITEUX, ferronnerie, rue Charenton, 61. | 0 ans. | |

DATES des publications.	RAISONS SOCIALES ET SIÉGES.	DURÉE.	OBSERVATIONS.
1850. Mai 13	GAGE et Ce, Assurance maritime dite le Neptune, rue Notre-Dame-des-Victoires, 17.		
» Juin 8	GAILLARD, frères, ciriers, rue de la Verrerie, 66.	10 ans.	
» » 20	GAILLARDON, Jacques, et compagnie, in-industrie californienne, cité Bergère.	Id.	
» Août 24	GAITZ et compagnie, entrepreneur de travaux, quai Jemmapes, 64.		
» Fév. 23	GALLOIS jeune et compagnie, nouveautés, rue Trévise, 46.	8 ans.	
» Nov. 8	GALLOU, Casimir, et BARTET, nouveautés, rue des Deux-Boules, 9.	12 ans.	
» Déc. 12	GARAND et Ce, machine à trancher le bois de placage, rue Traversière-St.-Antoine, 59.	6 ans 1 mois.	
» Avril 7	GARNIER AUDUBEY et LEGALLOIS, fonderie de métaux, rue des Gravilliers, 18.	10 ans.	
» Oct. 16	GAUDARD et VROLANT, articles de voyage, passage Jouffroy, 37.	20 ans.	
» Fév. 15	GAUME et compagnie, librairie, rue Cassette, 4.	8 ans.	
» » 8	GAUTHIER et compagnie, restaurateur, rue Saint-Jacques, 160.		
» Avril 11	GAUTHIER DREYFUS et compagnie, papeterie, Paris.	10 ans.	
» Déc. 30	GAUTHIER et compagnie, lavoir, chaussée du Maine, 69.	Id.	
» Janv. 2	GAVAUX et NICOLAIS, exploitation d'usine, rue Traverse, 21 et 23.	12 ans.	
» » 11	GENTIL, M., limonadier, rue St-Lazare, 7.	13 ans 9 mois.	
» Déc. 14	GENTILHOMME et compagnie, constructions en Californie, rue Martel, 8.	10 ans.	
» Fév. 21	GERARD et LIENARD, bois, rue de Bercy, 32.	Id.	
» Juill. 25	GERARD, J., et compagnie, pompes, rue de Provence, 17.	13 ans.	

DATES des publications.	RAISONS SOCIALES ET SIÉGES.	DURÉE.	OBSERVATIONS.
1850. Juin 29	GERLAT et compagnie , industrie en Californie, Paris.	10 ans.	
» Janv. 9	GIBERT et HATEWEL, limonadiers, boulévard Montmartre, 14.	6 ans.	
» Déc. 4	GIGNOU, sœurs, chapeaux de paille, rue du Caire, 31.		
» Mai 9	GIGUET et GAVILLET, layetiers emballeurs, rue Mauconseil, 20.	15 ans.	
» Sept. 11	GILLES et DUCHESNE, exploitation d'une carrière, Belleville.	Id.	
» Juill. 11	GILLES, jeune et Amédée MORIN et compagnie, fils et cotons, rue Montmorency, 1.	10 ans.	
» » 8	GIOT, fils et compagnie, estampes, rue St-Avoie, 14.	7 ans 6 mois.	
» Mai 19	GIRARD DE CHRISTEN et compagnie, librairie, Rio-de-Janeiro.	10 ans.	
» » 28	GIRIN, et compagnie, eaux minérales, rue St-Maur, 136 bis.	15 ans.	
» Sept. 5	GIROUDOT, DESBAVES et compagnie, achat de terrains, rue de Bondy, 28.	10 ans.	
» Juill. 10	GLENARD, E., et compagnie, fabr. de filets, rue Hauteville, 35.	5 ans.	
» Mai 6	GLENARD et LANGLOIS, assurance mutuelle, cité Trévise, 24.		
» Juill. 2	GODEAU frères, vins en gros, Bercy.	12 ans.	
» Nov. 27	GOSSELIN et GAUTRAIN, laiterie, rue Alibert, 14.	9 ans.	
» Sept. 12	GOSSET, J.-B., et compagnie, escompte, rue Rambuteau, 2	Id.	
» Juill. 18	GOUBERT et compagnie, abat-jour, rue du Petit-Lion-Saint-Sauveur, 19.	5 ans.	
» » 4	GOUPIL et compagnie, gravures et estampes, boulevart Montmartre, 19.	6 ans 9 m. 17 j.	

DATES des publications.	RAISONS SOCIALES ET SIÉGES.	DURÉE.	OBSERVATIONS.
1830. Août 31	GOURD et compagnie, hôtel des Italiens, rue Monsigny, 1.	5 ans.	
» Nov. 10	GOURLAY et compagnie, cercle de l'Ordre, boulevart Montmartre, 5.	2 ans.	
» Oct. 11	GOUTARET et compagnie, locomotives, rue Neuve-Bréda, 5.	15 ans.	
» Janv. 30	GRANT, Honoré, et compaguie, triperie, rue Saint-Ambroise, 9.	Id.	
» Nov. 3	GRAVIER, Remy, CASSARINI, Charles, et compagnie, chapellerie, rue du Chaume, 7.	12 ans.	
» Juin 21	GRIFFAULT et CHAGNET, vins, gare d'Ivry, 31.	10 ans.	
» Mars 19	GRIME, Henry, et compagnie, dragage, quai Valmy, 85.	2 ans.	
» Sept. 13	GROSJEAN et LECOQ, soies et laines, rue Neuve-Saint-Eustache, 26.	5 ans.	
» Janv. 26	GROUT, veuve, et ROZEY, mercerie, rue Saint-Denis, 140.	Id.	
» Juin 12	GRUINTGEUS, Jules, et compagnie, couleurs à l'huile, r. de la Gr. Truanderie, 36.	10 ans.	
» Mars 29	GUELLE et compagnie, quincaillerie, rue Vivienne, 21.	16 ans.	
» Août 17	GUIARD et RUFFARD, vins, port de Bercy, 23.		
» Sept. 25	GUIET, L., TERMEAU et compagnie, commission, rue Montmartre, 177.	30 ans.	
» Août 14	GUILLEMIN et compagnie, ceinturonnerie, rue Saint-Avoye, 14.	6 ans.	
» Oct. 23	GUILLON et compagnie, sucre, La Villette.	5 ans.	
» Mars 8	GUNTHER et compagnie, armes et quincaillerie, faubourg Saint-Martin, 76.	9 ans.	
» Avril 2	GUY et compagnie, boulangerie, passage des Petits-Pères, 3.	Id.	

DATES des publications.	RAISONS SOCIALES ET SIÈGES.	DURÉE.	OBSERVATIONS.
1850. Oct. 30	GUYER et compagnie, commission, faubourg Poissonnière, 61.	3 ans.	
» Mars 1er	GUYOT, HUBERT, DESHAYES et compagnie, restaurateurs, rue Bleue, 14.	20 ans.	
» Avril 12	GUYOT, Amédée, et Théodore SCRIBE, libraires, Paris.	10 ans.	

H.

1850. Oct. 29	HACQ et CARRÉ, gravures en taille douce, rue Saint-André-des-Arts, 31.	6 ans.	
» Juill. 17	HALIMBOURG et compagnie, journal le Pouvoir, rue Geoffroy-Marie, 9.	25 ans.	
» Janv. 24	HULLOT et compagnie, fabrique de plaqué, rue du Grand-Chantier, 16.	10 ans.	
» Août 22	HAPPE, L., et compagnie, dentelles, rue des Jeuneurs, 6.	3 ans.	
» Fév. 8	HAPPE, LETRILLARD et BISEAU, chemises, à Cambrai.	10 ans.	
» Avril 11	HAUTOY et compagnie, huiles, Petite-Villette.	15 ans.	
» Juill. 12	HAWES et ROAST, marchands de chevaux, allée des Veuves, 38.	11 ans.	
» Mai 9	HENNEVEU et MESIASSE, soieries, rue des Fossés-Montmartre, 5.	6 ans.	
» Juin 8	HERRAN, Victor, exploitation du golfe Dulic, rue Laffite, 35.	99 ans.	
» Janv. 12	HERTZ et compagnie, assurances solidaires, rue de La Rochefoucault, 33.	60 ans.	
» Juill. 20	HEUGEL et compagnie, cordes harmoniques, rue Vivienne, 2,	10 ans.	
» Déc. 12	HOART et compagnie, machines à calculer, rue du Helder, 13.	20 ans.	

DATES des publications.	RAISONS SOCIALES ET SIÉGES.	DURÉE.	OBSERVATIONS.
1850. Juill. 4	HOVELAQUE frères, équipements militaires, rue de Chabrol, 53.	7 ans.	
» Déc. 8	HELLINCKX NIEL DUMONT, et compagnie, fondeurs, Paris.	10 ans.	
» Nov. 17	HÉRITIER, GUIRAND et TROCELLI, commission, rue du Croissant, 18.	9 ans.	
» Janv. 8	HILTBRUNNER et compagnie, *Messager des théâtres*, rue Drouot, 1.	10 ans.	
» Nov. 13	HOMBERG, A., et PAGET, produits chimiques, rue Popincourt, 30.	20 ans.	
» Oct. 16	HORLIAC et compagnie, sangsues, rue Montmartre, 39.	3 ans.	
» Déc. 15	HOUDARD et compagnie, chocolats, rue Grange-aux-Belles, 43.	10 ans.	
» Juin 29	HOUETTE, Adrien, et compagnie, cuirs, rue du Fer-à-Moulin, 46.	6 ans.	
» Août 11	HOUZÉ et compagnie, instruments de musique, rue Muller, 10.		
» Mai 17	HUART et GRUAU, blanchisseurs de tissus, à Clichy.	9 ans.	
» Mars 16	HUART et NEUMANN, tailleurs, rue Vivienne, 19.	15 ans.	
» Déc. 28	HUCHET et GAULLIER, nouveautés pour hommes, rue des Mauvaises-Paroles, 12.	12 ans.	
» Mai 31	HUGUIN et compagnie, engrais, avenue des Champs-Elysées, 116.	9 ans.	Dissoute 11 Nov. 1850.
» Juin 13	HUET, A., et compagnie, fleurs artificielles, rue du Caire, 14.	6 ans.	
» Mai 17	HUIN et compagnie, acier fondu, rue de la Jussienne, 17.	id.	
» Janv. 11	HURIOT et TAMISIER, dégraissage, rue du Petit-Carreau, 27.	11 ans.	
» Août 22	HUSSENOT, BERNE et BRUNARD, châles, place des Victoires, 6.	7 ans.	
» Sept. 15	HY et DELAPLANE, commission, rue d'Enghien, 40.	10 ans.	

DATES des publications.	RAISONS SOCIALES ET SIÉGES.	DURÉE.	OBSERVATIONS.

I.

1850. Mai 29	ISOARD, HENRY et compagnie, application de la vapeur, à La Villette.	11 ans	

J.

1850. Juil. 12	JACOMME et DUFAT, imprimerie, rue de Lancry, 12.	9 ans.	
» Oct. 27	JACKSON et compagnie, aciers, rue Notre-Dame-de-Nazareth, 25.	Id.	
» Sept. 29	JACOB et compagnie, chemises, rue Rambuteau, 50.	8 ans.	
» Fév. 8	JACQUIER et compagnie, journal le Napoléon, rue Matignon, 18.	10 ans.	
» Août 13	JACQUOT et compagnie, chapellerie, rue de Bondy, 10.	99 ans.	
» Sept. 13	JAGERSCHMIDT, G., et Ch. JULLIAN, exportation, rue d'Enghien, 30.	6 ans.	
» Mars 14	JANNON et SIMON, nouveautés, quai Montébello, 17.	12 ans.	
» Déc. 20	JEUNE et compagnie, tailleurs, rue Neuve-des-Petits-Champs, 11.	10 ans.	
» Mai 31	JODON père et fils, nouveautés, boulevart des Italiens, 31.	5 ans.	
» » 21	JOBERT et HERBAULT, pharmacie, rue S.-Antoine, 146.	10 ans.	
» Nov. 21	JOHN, GRAFTON et compagnie, éclairage au gaz, rue Pétrelle, 15.		
» Mai 14	JORSANT frères, épicerie, rue d'Angoulême du Temple, 16.	10 ans.	
» » 1	JOLIVARD et CHEREAU, tissus, rue du Sentier, 10.	5 ans.	

DATES des publications.		RAISONS SOCIALES ET SIÉGES.	DURÉE.	OBSERVATIONS.
1850. Mai	2	JULIEN et LAPIERRE, teinturerie, rue de la Calandre, 20.	15 ans.	
» Nov.	21	JULIEN frères, pâtisserie, place de la Bourse, 27.	19 ans.	
» Fév.	26	JULLIEN, Elisa, et compagnie, modes, faubourg Saint-Honoré, 48.	12 ans.	
» Juin	20	JUILLET, LARVIE et compagnie, coiffeurs, rue Grammont, 23.	10 ans.	

K.

1850. Nov.	20	KORN père et fils, broderie, rue Saint-Denis, 101.	5 ans.	
» Fév.	9	KRABBE et compagnie, denrées alimentaires, faubourg Saint-Antoine, 123.	90 ans.	

L.

1850. Avril	28	LABARTHE, A., et compagnie, commission, rue Neuve-Saint-Nicolas, 52.	5 ans.	
» Oct.	17	LABITTE frères, bijouterie, rue du Renard-Saint-Sauveur, 11.	10 ans.	
» Sept.	29	LABORDE, H., et C. PIOTTE, vins, barrière Charenton, 80.	9 ans.	
» Déc.	1er	LABOUCHERE, AUGUIN et compagnie, banque, rue de la Victoire, 31.	3 ans. 23 jours.	
» Fév.	7	LABRUIIE frères, tissus de laine, rue des Fossés-Montmartre, 25.	5 ans.	
» Mai	11	LACAZE, Hury, et compagnie, physique amusante, rue de Chartres.	3 ans.	
» Août	29	LACHARME et compagnie, mines d'or, boul. des Italiens, 2.	7 ans.	
» Juin	19	LACHARTRE frères, drogueries, rue Neuve-des Mathurins, 65.	11 ans.	

DATES des publications.	RAISONS SOCIALES ET SIÉGES.	DURÉE.	OBSERVATIONS.
1850. Avril 7	LACORDAIRE, J., MENTION et MICHEL, égouts de la ville de Paris, q. Jemmap., 228.		
» Déc. 11	LAFOND, G., et compagnie, commerce maritime, place de la Bourse, 4.	20 ans.	
» Mars 3	LAFOSSE et compagnie, soies, rue d'Enghien, 15.	9 ans.	
» Sept. 5	LAGARDE, Th., et compagnie, la Feuille du village, rue Sartine, 8.	10 ans.	
» Mars 13	LALONDE, oncle et neveu, soieries, rue Beaurepaire, 10.	15 ans.	
» Juin 16	LAISNÉ et compagnie, étrille et cure-pieds, rue Montorgueil, 28.		Prorogation au 51 janv. 1865.
» Juill. 16	LAINÉ, SAINTARD et compagnie, nouveautés, rue Montesquieu, 3.	5 ans.	
» Sept. 26	LAMBERT père et fils, casquettes, rue Sainte-Croix-de-la-Bretonnerie, 32.	5 ans.	
» Juill. 17	LAMBOI fils et compagnie, comestibles, cloître Saint-Merry, 4.	8 ans.	
» Mai 7	LAMIOT, BERNON et compagnie, lanternes de voitures, rue de la Pépinière, 58.	99 ans.	Dissoute le 7 mai 1850.
» Août 50	LANGLOIS et WORMS, peinture sur porcelaine, faubourg Saint-Denis, 118.		
» Mai 5	LANGLOIS, J., et compagnie, transports, au Havre.	20 ans.	
» Oct. 20	LANGLOIS, Alphonse, et compagnie, banque en Californie, rue Geoff.-Mar., 11 bis.	5 ans.	
» Fév. 17	LANIER, J., et compagnie, vins, quai de Bercy, 20.	5 ou 6 ans.	
» » 27	LANNOY, A., et compagnie, nouveautés, rue Saint-Martin, 6.	14 ans 6 mois	
» Juill. 13	LAPOSTOLLET frères, rue de Viarmes, 20.	17 ans.	
» Juin 26	LASSON et compagnie, omnibus les Citadines, à Belleville.	5 ans.	
» Mars 18	LAUDET (femme) et fils, creusets, à La Villette, rue d'Allemagne, 101.		

DATES des publications.	RAISONS SOCIALES ET SIÈGES.	DURÉE.	OBSERVATIONS.
1850. Sept. 25	LAURENT, S., et LAMY, couturières, rue de la Paix, 12.	10 ans.	
» Juin 4	LAURET, GROSJEAN, et LECOCQ, soie et laines, rue Neuve-Saint-Eustache, 26.	5 ans.	
» Fév. 7	LAVANTURE et PAULET, bijoux, rue des Vieilles-Audriettes, 4.	10 ans.	
» Août 31	LAVIE et H. LAIR, châles, rue Cléry, 25.	8 ans.	
» Avril 14	LAVIGNE et compagnie, limonadiers, rue du Roule, 3.	99 ans.	
» Oct. 3	LAVINAY et compagnie, limonadiers, rue du Temple, 28.		
» Janv. 12	LEBARON et DELECLUSE, soieries, à Paris.	6 ans.	
» Avril 13	LEBEL, EYROLLES père et compagnie, pharmacie, rue de la Tixeranderie, 13.	15 ans.	
» Nov. 21	LEBERTRE fils et LEBAUDY frères, raffinerie, à La Villette, rue de Flandre, 27.	4 ans.	
» Août 14	LEBEY et compagnie, journal l'Événement, rue Montmartre, 131.	10 ans 4 mois.	
» Sept. 28	LEBLANC, Nicolas, et compagnie, vins, rue Mazagran, 16.	10 ans.	
» Déc. 15	LEBRASSEUR et compagnie, draperies et soieries, rue du Petit-Carreau, 7.	5 ans.	
» Sept. 15	LEBRETON et fils, loueur de voitures, rue du Chemin de la Gaîté, 9.	Id.	
» Avril 23	LECAMUS et Constant VINEAU, teinturiers, à Ivry.	12 ans.	
» » 26	LECHART et compagnie, usine à force motrice, rue Amelot, 8.	Id.	
» Déc. 28	LECOINTE et compagnie, mines de plomb, rue Vivienne, 36.	20 ans.	
» Avril 17	LECOMTE et compagnie (Compagnie la Ruche d'or), rue Neuve-Saint-Augustin, 26.	6 ans.	
» Janv. 31	LECOURT, GROS-LAMBERT et compagnie, serrurerie, à Passy, avenue Saint-Cloud, 33.	12 ans.	Dissoute le 7 sept. 1850.

DATES des publications.	RAISONS SOCIALES ET SIÉGES.	DURÉE.	OBSERVATIONS.
1850. Juin 26	LEDIEU et compagnie, forges, rue Taitbout, 37.	6 ans	
» Oct. 19	LEFORT et compagnie, mines d'or, Californie.	3 ans	
» Mars 6	LEGEAY et JOSSE, lingerie, rue Vivienne, 15.	15 ans.	
» Déc. 11	LEGER et compagnie, construction de maisons en Californie, Chaussée d'Antin, 49.	20 ans.	
» Oct. 6	LEGOIX (femme) et compagnie, fabricantes de parapluies, à Melun.	15 ans.	
» Août 17	LEGRAND, A., et frères, mérinos et laines, rue Laffitte, 27.	9 ans	
» Janv. 5	LEGRAS et compagnie, eaux de seltz, passage Tivoli, 18.	10 ans.	
» Juin 25	LEGRIPAINÉ, H. LECLUSE et compagnie, chapellerie, rue de la Santé, 65.	6 ans.	
» Janv. 6	LEGUAY, DOUBLET et compagnie, à Paris.	id.	
» Sept. 27	LEGUAY, ROESSET et Cᵉ, maison de santé à S.-Francisco, r. Nᵉ.-de-l'Église, 48, Paris.	id.	
» Déc. 11	LEHERICEY et ROUSSELLE, teinturiers, rue Malar, 24.	6 ans.	
» Mai 24	LEJEUNE, Auguste, et compagnie, industrie, cité Hœlzbocher, 21.	15 ans.	
» Août 4	LEJOLIVET et compagnie, office correspondance, rue Brongniart, 1.	20 ans.	
» Juin 26	LEMAITRE, N. et H. FERON, cravates, rue Mulhouse, 4.	10 ans.	
» Août 4	LEMUET et veuve PAUL, eaux minérales, à Passy.	15 ans.	
» » 28	LEMAITRE et compagnie, impressions sur étoffes, à Clichy.		
» Mai 25	LEPAUTE, RAMEL et HAVAS, pharmacie, rue Saint-Honoré, 217.		
» Mars 28	LEPERRIER et PARIS, merceries, rue Saint-Denis, 372.	7 ans.	

DATES des publications.	RAISONS SOCIALES ET SIÉGES.	DURÉE.	OBSERVATIONS.
1850. Fév. 3	LEPETIT et compagnie, boutons de nacre, rue Grenéta, 9.	30 ans.	
» Oct. 12	LEPLAT et BLANCHARD, lunettes, rue S.-Martin, 17.	7 ans.	
» Juin 27	LEPREVOST père et fils, teinturiers, rue de Jouy, 10.	10 ans.	
» Mai 16	LEROUGE et compagnie, clyso, rue des Trois-Bornes, 17.	Id.	
» Août 22	LEROY et compagnie, menuiserie, rue Notre-Dame-de-Recouvrance, 1.	5 ans.	
1850. Mars 30	LEROY et NICOLLE, appareil à pulvériser, rue Saint-Sabin, 41 bis.	10 ans.	
» Janv. 18	LEROY et compagnie, assurances militaires, rue Montmartre, 111.	20 ans.	
» Juin 19	LEROY et compagnie, mines d'or, rue Montmartre, 111.	10 ans.	
» Oct. 27	LEROY et LEBLOND, acier poli, rue Saint-Denis, 210.	Id.	
» Nov. 30	LEROY et BOUCHACOURT, machine à boulons, rue Sédaine, 17 et 19.	Id.	
» Déc. 29	LEROYER jeune et A. QUANDALLE, cravates, rue des Fossés-Montmartre, 8.	Id.	
» Mars 19	L. LESBRE et J. QUINETTE, fonderie d'or, rue Quincampoix, 8.	12 ans.	
» Avril 25	LETEIGNEUX, Victor, et compagnie, appareils à gaz, allée des Veuves, 65.	10 ans.	
» Mars 2	LETELLIER et compagnie, carrière à plâtre, à Montreuil.	15 ans.	
» Sept. 20	LETILLOIS et compagnie, vernis, rue Dauphine, 48.	10 ans.	
» Fév. 10	LEVIEUX et compagnie, tapissiers, rue Charonne, 7.	60 ans.	
» Juill. 6	LEVILLAIN frères et DANTINE, mercerie, rue des Vieilles-Audrietles, 3.	9 ans.	
» Août 17	LEXCELLENT, MALLON, NOT et comp., locomotives atmosphér., rue Rougemont, 1.	20 ans.	

DATES des publications.	RAISONS SOCIALES ET SIÉGES.	DURÉE.	OBSERVATIONS.
1850. Sept. 21	LEYMERIE et BENOIST , épicerie, rue Neuve-des-Petits-Champs, 36.	6 ans.	
» Mars 13	LHERIDEAN et GAILLARD, huiles, rue Montmartre, 11.	12 ans.	
» Déc. 11	LUQUIN et LHERMITTE, lorgnettes, faub. du Temple, 25.	15 ans.	
» Août 5	LHOTE et compagnie, chapellerie, rue des Guillemétes, 2.	50 ans.	
» Nov. 11	LHUILLIER , Ch., et compagnie, blanc de zing, à La Villette.	15 ans.	
» Fév. 7	LIBAULT fils et POUILHART, bandages, rue Saint-Denis, 96.	Id.	
» Janv. 2	LIEBERT et DARQUÉ, commission, rue du Temple, 108.	9 ans.	
» Juin 2	LIESCHING-NUTY et compagnie, asphalte Nuty, boulevart Bonne-Nouvelle, 28.	11 ans	
» Fév. 28	LOIN, Jules, et compagnie, boutons de porcelaine, à Belleville.	15 ans.	
» Mai 22	LOISEAU et PINSON, passementerie, rue Saint-Martin, 248.	5 ans.	
» Nov. 20	LURINE, Alexis, et GRIMAL, orfèvrerie, rue du Coq-Saint-Honoré, 11.	id.	
» Sept. 23	LOUSTONAU et compagnie, étoupes lin et chanvre, rue des Moineaux, 10.	10 ans.	
» Janv. 6	LYNEN, Henry, et PELTZER, Ed., produits industriels, rue Hauteville, 42.	6 ans.	

M.

1850. Fév. 26	MACKENZIE et BRASSEY, chemin de fer, avenue Fortunée, 1.	10 ans.	
» Mars 6	MADEUF et compagnie, cuisiniers, rue Saint-Spire, 6.	90 ans.	

DATES des publications.	RAISONS SOCIALES ET SIÉGES.	DURÉE.	OBSERVATIONS.
1850. Fév. 2	MAGNAN, J.-E., assurance contre l'incendie, Paris.	30 ans.	
» » 1er	MAGNIER, DUPORT, BULLIER et compagnie, annonces ; rue de la Banque, 21.	9 ans.	
» Août 10	MAGNIER et LAURILLIARD, bijoux, rue Dupetit-Thouars, 10.	2 ans 4 mois.	
» Nov. 10	MAGNIER, LAFFITTE et compagnie, annonces, rue de la Banque, 21.	10 ans.	
» Août 21	MAGNUIEN et compagnie, selliers, passage Saucède, 224.	99 ans.	
» » 9	MALAGAN et DESIRABODE, dentistes, galerie de Valois, 154.	15 ans.	
» Déc. 24	MANCEL, E., et compagnie, usine de cuivre et plomb, à Paris.	60 ans.	
» Juill. 5	MANCHON, DEMURS, GAUTHIER et compagnie, chaises, rue Amelot, 5.	99 ans.	
» Mai 24	MANIQUET et compagnie, machines à dévider, rue Cadet, 13.	15 ans.	
» Janv. 17	MICHEL MANONCOURT et compagnie, teinturiers, rue des Marmousets, 28.	11 ans.	
» Mars 12	MARASSI CLERGET et compagnie, sel de soude, Petite-Villette.		
id.	MARCAN, J., et compagnie, exportation, rue Hauteville, 21.	2 ans.	
» Janv. 23	MARCHAIS, André, et compagnie, journal, rue Caumartin, 58.	20 ans.	
» Fév. 28	MARCHAND, femme, et compagnie, limonadiers, rue d'Enfer, 77.	5 ans.	
» Avril 17	MARCHANT et GUIOT, rue S.-Maur, 134 bis.	9 ans.	
» Mai 9	MARGUERITTE, Maximé, BOURGOIN, et Cc, verrerie et crist., Grenelle, r. St-Louis, 59.	12 ans.	
» Nov. 28	MARIE et compagnie, articles de Paris, faubourg St-Denis, 172.	10 ans.	
» Avril 20	MARION et compagnie, assurance la Conservatrice, rue du Havre, 17.	21 ans.	

DATES des publications.	RAISONS SOCIALES ET SIÉGES.	DURÉE.	OBSERVATIONS.
1850. Juil. 24	MARQUIS, Ch., et compagnie, fonte, rue Fontaine-au-Roi, 47.	10 ans.	
» Août 10	MARTELLAN LANQUE, librairie, boulevart du Temple, 29.		
» Janv. 8	MARTIN et WEIL, chapellerie, rue des Blancs-Manteaux, 39.	5 ans.	
» Juil. 4	MARTIN et compagnie, menuisiers, rue Hauteville, 5.		
» Août 5	MARTIN, Adolphe, et compagnie, limonadiers, rue Neuve-Saint-Jean, 11.	18 ans.	
» Mai 1er	MASSET et compagnie, boulangerie, à Montrouge.	15 ans.	
» Juill. 18	MASSON, Guillaume, et compagnie, marchands de vin, Passy, av. de S.-Cloud, 10.	5 ou 6 ans.	
» Mai 23	MAUDUIT et compagnie, cercle de San-Francisco, rue Vivienne, 17.	5 ans.	
» Déc. 22	MAUGER, LEROND et compagnie, banque, rue de Paradis-Poissonnière, 42.	10 ans.	
» Août 26	MAUGERET père et fils, sciage, quai Valmy, 3.	12 ans.	
» Janv. 29	MAUNOURY et WOLFF, papeterie, rue de la Banque, 13.	10 ans.	
» Fév. 1er	MAUREAU, BONNARDET et VAISSE, lingerie, rue de Tournon, 2.	5 ans.	
» Janv. 51	MAURER frères, et A. MASSON, rue Mauconseil, 16.	12 ans.	
» Mai 7	MAYEN et compagnie, draperie, rue Saint-Martin, 76.	5 ans.	
» Déc. 24	MAYER frères, daguerréotype, rue Vivienne, 48.	Id.	
» Janv. 20	MAYER sœurs, fleurs artificielles, rue du Caire, 21.	10 ans.	
» » 12	MAYOU et CHANDLER, banque, rue de la Banque, 13.	7 ans.	
» Avril 28	MAZELIN et COPIN, fabr. d'étiquettes, cour des Miracles, 9.	5 ans.	

DATES des publications.		RAISONS SOCIALES ET SIÉGES.	DURÉE.	OBSERVATIONS.
1850, Oct.	10	MEGRET et BACOUEL, rubans, rue Vivienne, 2 bis.	10 ans.	
» Fév.	3	MENDES, D. et J., joaillerie, Paris et Amsterdam.	La vie.	
» Oct.	24	MENDEZ et DESTOMBES, commissionnaires en marchandises, rue du Helder, 14.	10 ans.	
» Fév.	17	MERCY et compagnie, ferblanterie, faubourg Saint-Martin, 83.	a ns.	
» Sept.	15	MESLIER, P., LEFEBVRE, et compagnie, calicot, rue du Sentier, 19.	14 ans.	
» Oct.	2	MESNARD, P., et compagnie, cuirs, rue du Ponceau, 27.	6 ans.	
» Juill.	12	MESNER et fils, papiers peints, rue Lenoir, 10.	8 ans.	
» Avril	11	MEYERS, C., et compagnie, chauffage, rue du Bac, 15.	12 ans.	
» Mai	17	MICHEL LÉVY et compagnie, éditeurs, rue Vivienne, 2 bis.	20 ans.	
» »	10	MICHEL, Isidore, et compagnie, visières, rue du Chaume, 8.	5 ans.	
» Janv.	4	MINES D'ÉTAIN DE PORTUGAL, Lisbonne.	90 ans.	
» Déc.	22	MINEUR et compagnie, estampage, rue de Malte, 30.	10 ans.	
» Mars	9	MIREY et BROUSSE, dentelles, rue Neuve-Saint-Eustache, 28.	8 ans.	
» Août	14	MITHOUARD, J., et comp., industrie Californienne, rue Ventadour, 11.	10 ans.	
» Oct.	27	MOIREAU père et fils, bijouterie, rue de la Verrerie, 62.	14 ans.	
» Mars	18	MONGEON et MAHAUD, nouveautés, rue Montmartre, 110 et 112.	7 ans.	
» Août	26	MONGIN, Ch., et compagnie, scies, rue des Juifs, 11.	23 ans.	
» Juin	28	MONNIER et PIANET, couleurs, passage du Caire, 68.	10 ans.	

DATES (des publications.	RAISONS SOCIALES ET SIÉGES.	DURÉE.	OBSERVATIONS.
1830. Oct. 4	MONTAUFRAY et ROSTAIN, doreurs, rue Saint-Sauveur, 30.	10 ans.	
» Janv. 30	MONTCHEUIL (Dame), et compagnie, rue de Berlin, 17.	15 ans.	
» Avril 11	MONTFERRIER et compagnie, *Moniteur du soir*, rue des Martyrs, 27.	10 ans.	
» Sept. 3	MONTPELLIER et compagnie, nouveautés, Courbevoie.	id.	
» Janv. 7	MORAND et Villette, soieries, rue du Mail, 5.	6 ans.	
» Mai 28	MOREAU, Urbain, et compagnie, huiles, rue Drouot, 1.	15 ans.	
» Avril 6	MOREAU, D., et compagnie, lingerie, rue de Cléry, 6.	10 ans.	
» Juil. 6	MOREAU, E., et compagnie, fourrages, rond-point de l'Arc de triomphe.	20 ans.	
» Avril 2	MOREL, E., et compagnie, voitures de remises, rue Buffault, 34.	5 ans.	
» Août 2	MORISSET et DUHAMEL, articles de Roubaix, rue des Jeuneurs, 33.	9 ans.	
» Mars 14	MORISSON et compagnie, tailleurs, boulevart Montmartre, 24.	id.	
» Mai 4	MORLANT et compagnie, bois, La Villette, rue Bouret, 18.		
» Juill. 11	MOULIN ET VERNET, vins, rue Miroménil, 44.	20 ans.	
» Juin 13	MURATON (Dame), et CHARPENTIER, modes, rue du Port-Mahon, 11.	4 ans.	
» Janv. 18	MUTREL et compagnie, appareils à gaz, rue du 24 Février.	11 ans 2 mois.	
» Déc. 27	MOREUIL et FLESCHELLE, archives consulaires, rue Boursault, 10.	10 ans.	
» Fév. 9	MONTFERRIER, GUÉRARD et compagnie, *Courrier français*.	30 ans.	

DATES des publications.	RAISONS SOCIALES ET SIÉGES.	DURÉE.	OBSERVATIONS.
	N.		
1850. Déc. 10	NAEF et compagnie, usine à gaz, rue Riche-lieu, 87.		
» Avril 27	NATHAN BEER TREFOUSSE et compagnie, gants, rue de Braque, 2.	5 ans.	Dissoute 18 Juill. 1850.
» Nov. 17	NAUDIN et compagnie, carton-pâte, rue des Francs-Bourgeois-Saint-Marcel, 14.	10 ans.	
» Mars 20	NEGRINO et compagnie, peinture, rue de la Madeleine, 31.	id.	
» Nov. 12	NEVILLE, D., GOLDSMIDT et compagnie, compteurs, rue Pétrelle, 15.	30 ans.	
» Déc. 21	NICOT et DESBROCHERS, charbons, La Chapelle, 132, Grande-Rue.	5 ans.	
» Juin 16	NICOUD-BELLEUGER, librairie, rue Ri-voli, 30.		
» Nov. 19	NOEL sœurs, modes, rue Favart.	10 ans.	
» Juill. 30	NOEL, Charles, Henry PLACE et compagnie, banque, faubourg Poissonnière, 9.	id.	
» Fév. 28	NOUCHET et GALLET, déménagements, passage des Petites-Ecuries, 3.	6 ans.	
	O.		
1850. Oct. 24	OBERT et compagnie, *Assemblée nationale*, rue Bergère, 20.	30 ans.	
» Déc. 12	ODENT, Xavier, ses fils, et compagnie, pape-terie, rue Jacob, 23.	20 ans.	
» Janv. 22	OESCHGER MESDACH et compagnie, usine, rue Saint-Paul, 23.	10 ans.	

DATES des publications.	RAISONS SOCIALES ET SIÉGES.	DURÉE.	OBSERVATIONS.
1850. Août 26	OPIGEZ et CHAZELLE, cachemires, rue Richelieu, 83.	5 ans.	
» Nov. 5	ORDA et BUJATTI et compagnie, porphyre rouge, rue Louis-le-Grand, 9.		
» Mai 30	OUDIN et compagnie, papeterie, rue J.-J. Rousseau, 18.	10 ans.	
» Oct. 11	OUVRIERS en cannes, Belleville.	09 ans.	
» Janv. 27	OUVRIERS menuisiers, rue Gît-le-Cœur.	Id.	

P.

1850. Juill. 4	PACTOLE (Le), mines d'or, faubourg Montmartre, 29.	10 ans.	
» Juin 9	PAGANELLI DE ZICAVO et compagnie, mines d'or, place de la Bourse, 11.	50 ans.	
» Août 7	PAILLARD WARÉE et compagnie, banque à San-Francisco, rue Lepelletier, 22.	5 ans	
» Mars 12	PAILLARD frères, cuirs, rue du Grand-Saint-Michel, 15.	9 ans.	
» Fév. 24	PANNIER (Femme), et compagnie, peignage de laines, rue Buffon, 29.	5 ans 5 mois.	
» Déc. 6	PAPAULT et MARTIN, parfumeurs, rue de la Verrerie, 77.	15 ans.	
» Fév. 28	PARENT SCHAKEN et compagnie, travaux d'art, rue Louis-le-Grand, 37.	3 ans.	
» Oct. 7	PARIS et compagnie, fosses inodores, boulevart Saint-Denis, 18.	10 ans.	
» Déc. 24	PARIS et VILLAIN, limonadiers, faubourg Saint-Antoine, 217-219.	5 ans.	
» Mars 28	PARISS et DU ROSELLE, engrais, à Saint-Denis, 6, rue Saint-Marcel.	16 mois et demi.	

15

DATES des publications.	RAISONS SOCIALES ET SIÉGES.	DURÉE.	OBSERVATIONS.
1850, Oct. 20	PATON et compagnie, droguerie, rue Rambuteau, 93.	10 ans.	
» Août 27	PAULINE et GENTIL, modes, passage Choiseul, 73.	Id.	
» Mai 12	PAURIS et GOIRAND fils, passementerie, rue de Cléry, 42.	3 ans.	
» Janv. 9	PECHIN GOURDIN et compagnie, banque, rue de Vendôme, 21.	9 ans.	
» Mai 8	PEIGNÉ, DUCLER et J. LEBRUN, messageries, rue des Fossés-S.-Germ.-l'Auxer., 26.		
» Août 18	PEILHON, J. de, et compagnie, mines d'or, rue Neuve-Saint-Augustin, 11.	9 ans.	
» Oct. 13	PELEZ et compagnie, théâtre Beaumarchais, boulevart Beaumarchais.		
» Juill. 5	PELLÉ DELION et compagnie, journal la Mode, rue Richelieu, 104.	50 ans.	
» Avril 23	PELTIER jeune et compagnie, nouveautés, Rouen.	9 ans.	
» Mars 17	PELTIER, Victor, papeterie, rue du Bac, 3.	10 ans.	Dissoute 30 juill.
» Mai 31	PERILLAT et VUILLET, tulles, rue Vivienne, 18.	8 ans.	
» Janv. 18	PERINET et compagnie, bois, Auteuil.	10 ans.	
» Juill. 12	PERINET, V., et A. Duclos, mercerie, rue Saint-Denis, 266.	8 ans.	
» Oct. 8	PERIOT, PINON et CROY, café en gros, rue de la Tixéranderie, 13.	10 ans.	
» Déc. 4	PERISSE frères, librairie, Lyon.		
» Juin 8	PERRET et compagnie, nouveautés, Centilly, route de Fontainebleau, 16.	9 ans.	
» Déc. 27	PERRIN, BUER et BRUYOS, teinturiers, rue Gervais-Laurent, 9.	8 ans et demi.	
» Juill. 13	PERROUD et compagnie, hôtel garni, rue de la Ville-L'Evêque, 50.	3 ans.	

DATES des publications.		RAISONS SOCIALES ET SIÉGES.	DURÉE.	OBSERVATIONS.
1850. Mai	7	PESCHARD, FAUVE et compagnie, lampes, rue Aumaire, 41.	15 ans.	
» Juin	8	PETERS, H., et compagnie, transports en Californie, boulevart Montmartre, 2.	50 ans.	
» Sept.	18	PETIT, Germain, et DUPERRIER, rue Rivoli, 46.	10 ans.	
» Janv.	18	PETRI-CHIBOUT, portefeuilles, rue Saint-Denis, 270.	6 ans.	Dissoute 25 Août 1850.
» Avril	10	PETTRÉ, NOMBRAL et compagnie, lithographie, rue Saint-Denis, 268.	99 ans.	
» Août	10	PEULLIER et SALMON, laines, rue de Bondy, 26.	8 ans	
» Juill.	27	PEYRUSSET, MOLLER et compagnie, conserves d'aliments, rue Laffitte, 52.	15 ans.	
» Mai	16	PEYSSON, DELABORDE et compagnie, confiseurs, rue de la Vieille-Monnaie, 12.		
» Mars	16	PHILIPPON et compagnie, combustibles, rue Cassette, 23.	6 ans.	
» Fév.	1er	PICARD et HENRIOT, huiles grasses, rue Neuve-Saint-Jean, 21.	5 ans.	
» Août	16	PETARD fils et PICHERY, carmin, rue Vendôme, 24.	10 ans.	
» Nov.	17	PIEIRE et compagnie, comptoir universel.		
» Juin	2	PIERRET et compagnie, soufflets mécaniques, rue des Marais, 47.	12 ans.	
» Fév.	16	PIERRET et compagnie, soufflets mécaniques, quai de Billy, 2.	id.	
» Janv.	15	PILLET fils aîné et compagnie, journal le *Messager*, rue Monthabor, 24.	10 ans.	
» Mars	2	PILLET, LEPELLETIER et DESEVE, nouveautés, rue de la Ferronnerie, 2.	5 ans.	
» »	16	PILLIARD et JACQUEMIN, teinturiers, à la Cour-Neuve, Saint-Denis.	5 ans.	
» Déc.	27	PINAUD, Ed., et MEYER, parfumerie, rue Saint-Martin, 230.	9 ans.	

DATES des publications.	RAISONS SOCIALES ET SIÉGES.	DURÉE.	OBSERVATIONS.
1850. Sept. 3	PIQUENOT et CLAVEL, mercerie, rue Saint-Denis, 257.	4 ou 8 ans.	
» Mai 25	PLASSARD et CHEVRIER, vins, Belleville, rue de Paris, 21.	3 ans.	
» Janv. 1er	POLLIN, THOLON et GENESTOUT, soies, rue Bourg-L'Abbé.	9 ans.	
» » 25	POMEYROL, Ludovic de, et compagnie, eau de fleur d'oranger, faub. Montmartre, 17.	4 ans.	
» Août 28	POMMIER et compagnie, produits chimiques, quai Jemmapes, 188.	15 ans.	
» Oct. 30	PONCEL et compagnie, chocolat, La Villette, route d'Allemagne, 172.		
» Août 18	PORTENEUVE jeune et compagnie, bois, Ivry, quai de la Gare, 70.	6 ans 5 mois.	
» Déc. 27	POTTIER et SALLE, chocolat, rue Barre-du-Bec, 15 et 17.		
»	POUILLOT et compagnie, vins, rue Saint-Denis, 33.	13 ans.	
» Avril 25	POULET et compagnie, lingerie, rue Duphot, 18.	7 ans 9 mois.	
» Août 27	POUPIN, J., et compagnie, rue du Bac, 28.	99 ans.	
» Nov. 19	POUSSIN et compagnie, lithographie, rue Charlot, 4.	9 ans.	
» Mars 8	POUTIERRE et HUARD, chaudronniers, Ivry, rue Chevaleret, 23.	15 ans.	
» Juin 28	POYTRENEAU frères, emballeurs, rue Lancry, 8.	9 ans.	
» Août 28	PRADIÉ et DAVIOT, journal la République, rue de l'Université, 69.	4 ans.	
» Juin 20	PRAX, Louis, et compagnie, bouchons de liége, Paris, rue de la Douane, 8.	6 ans.	
» Juil. 6	PREVOST fils et compagnie, charbons, rue de la Corderie, 3 et 5.	3 ans.	
» Mars 9	PREVOT et ALEXANDRE, limonadiers, rue Saint-Denis, 278.	5 ans.	

DATES des publications.	RAISONS SOCIALES ET SIÉGES.	DURÉE.	OBSERVATIONS.
1850. Déc. 13	PRIVAT et BERMONT, fournitures de bureaux, Faubourg-Saint-Martin, 61.	7 ans.	
» Avril 30	PROST DE DIEU et compagnie, union financière, rue de Seine, 12.	30 ans.	
» Janv. 25	PROUTEAU et compagnie, fosses mobiles, Faubourg-Saint-Denis, 33.		

Q.

1850. Fév. 23	QUESNEVILLE et compagnie, *Moniteur universel des Sciences*, rue Hautefeuille, 9.		
» Juin 23	QUIQUANDOU, modes, Faubourg-Saint-Honoré, 6.	10 ans.	

R.

1850. Nov. 12	RADENEZ et D. RENAUS, location de pianos, rue Richelieu, 8.	15 ans.	
» Mai 25	RAGUET et compagnie, limonadiers, boulevart Saint-Denis.	id.	
» Janv. 24	RAMEL OLIVE et compagnie, fabrique de chandelles, rue Saint-Honoré, 247.	id.	
» Déc. 6	RAT, Armand, et compagnie, sellerie, rue Rambuteau, 50.	id.	
» Sept. 14	RAUBER, Jules, et compagnie, marchandises en Californie, rue Montmartre, 169.	20 ans.	
» Juill. 26	RAUCH PARIS, mercerie, rue Neuve-Saint-Augustin, 69.	3 ans.	
» » 6	RAYER, Barthélemy, et compagnie, draps, rue Croix-des-Petits-Champs, 23.	id.	
» Mars 11	REDIER, A., pendules, place du Châtelet, 2.	9 ans.	
» Fév. 23	REIGNER et compagnie, fleurs artificielles, rue Richelieu, 62.	12 ans.	

DATES des publications.	RAISONS SOCIALES ET SIÉGES.	DURÉE.	OBSERVATIONS.
1850. Janv. 10	RENOUARD, Jules, et compagnie, librairie, rue de Tournon, 6.	5 ans.	
» Nov. 19	RESCONI, Ch., et compagnie, chanvre imperméable, à Belleville, boulevart, 24.	15 ans.	
» Sept. 28	REUSSE (de), DELACOUR et PRUNIÈRES, institution, rue des Fossés-St-Victor, 13.	6 ans.	
» Avril 18	RICHARD et BLANZY, biscuits, rue Saint-Denis, 187.	5 ans.	
» Nov. 19	RICHARD et compagnie, lavoir public, rue de la Pépinière, 99.	13 ans.	
» Mars 22	RICHARD et Ad. BOURDON, filature, rue Charonne, 88.	6 ans.	
» Déc. 13	RICHER et compagnie, fosses mobiles, boulevart Saint-Martin, 55.		
» Sept. 25	RICHON et CLAUDON, change de monnaie, Palais-National, galerie Montpensier, 70.		
» Juill. 12	RICOU et BLANC, commissionnaires en marchandises, rue Martel, 12.	4 ans.	
» Mai 24	RIGOUD BARTHÉLEMY et compagnie, librairie, rue Grange-Batelière, 22.	20 ans.	
» Fév. 16	RIGAUD et compagnie, mines d'or, rue Vivienne, 34.	4 ans.	
» Juil. 7	RIOLLET SIMONIN et compagnie, nécessaires, rue des Marais, 24.	13 ans 6 mois.	
» Sept. 4	RIOM et LEROY, fonte de graisse, rue des Vignes, 2.	6 ans.	
» Fév. 26	RION, Ad., et compagnie, librairie, rue Dauphine, 22.	50 ans.	
» Déc. 28	RIVART et ANDRIEUX, incrustations, à Limoges.	10 ans.	
» Mars 6	RIVIERE et MARTINEAU, nouveautés, boulevart Saint-Denis, 15.	Id.	
» Juill. 15	ROBERT MERCIER et compagnie, papiers peints, rue Saint-Martin, 275.	7 ans.	
» Janv. 15	ROBERT et BOURBON, bois et charbon, rue de la Douane, 4.	6 ans.	Dissoute le 15 août.

DATES des publications.	RAISONS SOCIALES ET SIÉGES.	DURÉE.	OBSERVATIONS.
1830. Juil. 13	ROBINEAU frères, confiseurs, rue Dauphine, 25.	5 ans.	
» Janv. 29	ROCHER, BLANC, GELOT et FOURIÈRE, dentelles, rue des Jeûneurs, 12.	4, 7 ou 10 ans.	
» » 13	ROGEAT frères, fonte, à Lyon.	9 ans.	
» Avril 27	ROLLAC et femme veuve JANISSET, bijoutiers, rue Richelieu, 112.	10 ans.	
» Mai 23	ROQUELAY et DESAIDE, graveurs, quai des Orfèvres, 36	16 ans	
» Mars 17	ROQUET et compagnie, procédé de brosses, à Paris.	20 ans.	
» Août 15	ROSSET et NORMAND, nouveautés, rue Feydeau, 32.	4 ans.	
» Fév. 7	ROSSIGNOL et DEFLANDRE, limonadiers, rue Saint-Martin, 84.	24 ans.	Dissoute le 7 juin 1850.
» Mars 21	ROTHER et compagnie, cuisiniers, rue Quincampoix, 72.	11 ans.	
»	ROUGET et compagnie, plâtres et chaux, rue Blanche, 44.	5 ans.	
» Août 14	ROUSSE et compagnie, porcelaine, boulev. Malesherbes, 1.	12 ans.	
» Sept. 21	ROUSSEAU et compagnie, banque californienne, San-Francisco.	10 ans.	
» Mars 23	ROUSSEAU frères, produits chimiques, rue de l'Ecole-de-Médecine, 9.	15 ans.	
» Août 21	ROUSSEL et CANDAS, maçonnerie, rue St-Jacques, 55.	3 ou 4 ans.	
» » 29	ROUVILLE, L. de, mines d'or, rue Saint-Honoré, 192.	10 ans.	
Avril 26	RAOUX et CHARTIER, soieries, rue de Cléry, 13.	Id.	
» Juill. 21	ROUX DE SAINT-MARTIN et VERPOIS, soies, rue de Cléry, 16.	7 ans.	
» Août 10	ROUX, BENOID et PETITOT, dentelles, rue Mulhouse, 11	3, 6 ou 12 ans.	

DATES des publications.		RAISONS SOCIALES ET SIÉGES.	DURÉE.	OBSERVATIONS.
1850. Fév.	12	ROUY et compagnie, distillation, rue de Provence, 42.	10 ans.	
» Juin	12	RUFFEL, Pierre et Jules, nouveautés, rue Neuve-Saint-Merry, 14.	3 ans.	
» Avril	19	RUFFIN, Alexandre, LEROY et compagnie, tapis, boulevart Saint-Denis, 33.	6 ans.	

S.

1850. Nov.	28	SAAVEDA et RIBEROLLES, commissionnaires, rue du Helder, 25.	5 ans.	
» Juill.	23	SAGE, DOUAI et compagnie, lingerie, rue Mulhouse, 7.	4 ans.	
» Août	1er	SAINT-AMAND et compagnie, mines d'or, rue Feydeau, 26.	9 ans.	
» Oct.	10	SAINT-CLAIR (De) et compagnie, école de natation, rue Sainte-Anne, 44.	20 ans.	
» Avril	5	SAINT-ERNEST et compagnie, théâtre de l'Ambigu-Comique.		
» Janv.	7	SAINT-MICHEL et BILLOIN, restaurateurs, rue Lepelletier, 19.		
» Déc.	31	SAINT-PAUL, Victor, et compagnie, change de monnaies, galerie Véro-Dodat, 34.	3 ans	
» Mai	11	SALOMON et compagnie, lithographes, rue Martel, 8.		
» Janv.	13	SANNE, JEAN et compagnie, pelleterie, rue Michel-le-Comte, 32.	8 ans.	
» Juin	1er	SALIGNAT et LEBRETON, boîtes de carton, rue Saint-Denis, 261.	10 ans.	
» Fév.	14	SAUVÉ et HENDRICKX, brosserie, rue Salle-au-Comte, 10.	Id.	
» Mai	10	SCHNERB et NETTER, commissionnaires, rue Vendôme, 10.	9 ans.	

DATES des publications.	RAISONS SOCIALES ET SIÉGES.	DURÉE.	OBSERVATIONS.
1850. Oct. 12	SCIARD frères et compagnie, voitures publiques, Boulogne-sur-Seine.	12 ans.	
» Nov. 17	SCORDEL père et fils, bijoutiers, rue du Temple, 79.	14 mois.	
» Juin 6	SEGRET et compagnie, mines d'or, San-Francisco.	5 ans.	
» Sept. 10	SERCONNE (De), LOIN et compagnie, boutons, Belleville, boulev. du combat, 32.	15 ans.	
» Mal 18	SERRUROT et compagnie, blanchisserie modèle, Ivry.	9 ans.	
» Sept. 29	SERRIÈRE et compagnie, imprimeurs, rue Montmartre, 131.	id.	
» Oct. 18	SEVESTE jeune et compagnie, théâtre de Belleville.		
» Janv. 27	SYLVESTRE et compagnie, articles de Paris, boulevart du Temple, 38.	10 ans.	
» Avril 4	SIMON frères, maçonnerie, rue Saint-Antoine, 170.	20 ans.	
» Mal 25	SIMON et compagnie, publicité universelle, rue Trévise, 28.	id.	
» Nov. 24	SIMONET fils et compagnie, fonderie, rue de la Perle, 24.	id.	
» Déc. 8	SOUCHET et François CUEU, denrées coloniales, rue Mouffetard, 281.	7 ans.	
» Sept. 21	SOULIER, P.-F., et compagnie, fleurs artificielles, rue Beauregard, 11.	10 ans.	
» Mars 17	STÉPHANE DE ROUVILLE, et compagnie, banque, rue d'Hauteville, 17.	5 ans.	
» Fév. 10	STERNOTTE et MARCHAL, vermicel, cloître Saint-Merry, 4 bis.	1 an.	
» Avril 6	STOKER, THARAUD et compagnie, chemin de fer de Versailles, rue Laffitte, 18.	47 ans.	
» Oct. 26	STURBAUT et FRANÇOIS, toile cirée, rue du Petit-Hurleur, 12.	10 ans.	
» Déc. 11	SUBTIL, Eugène, et compagnie, comptoirs levantins, rue Trévise, 40.	25 ans.	

DATES des publications.	RAISONS SOCIALES ET SIÈGES.	DURÉE.	OBSERVATIONS.

T.

DATES des publications.	RAISONS SOCIALES ET SIÈGES.	DURÉE.	OBSERVATIONS.
1850. Juil. 6	TABOSKY et GUÉRET, passementerie, rue Saint-Denis, 374.	12 ans.	
» Déc. 8	TALAMON et compagnie, draps, rue Croix-des-Petits-Champs, 33.	6 ans.	
» Août 9	TASSIN fils et compagnie, gants, rue Montmartre, 160.	10 ans.	
» » 25	TASSIN et compagnie, chaussures sans coutures, rue Bergère, 30.	15 ans.	
» Fév. 2	TAVENET COCHOT, Adolphe, et compagnie, bateaux à vapeur, rue Moreau, 12.	6 ans.	
» Déc. 0	TAVERNIER et compagnie, poterie, rue des Singes, 6.	10 ans.	
» Fév. 1er	TERSIN et compagnie, brosserie, rue Saint-Denis, 256.	99 ans.	
» Oct. 11	TESSIER et compagnie, limonadiers, cour des Fontaines, 1.	12 ans 3 mois.	
» Déc. 13	TESTUD DE BEAUREGARD et compagnie, à Saint-Mandé, avenue du Bel-Air, 34.	15 ans.	
» Mars 11	TEXIER et compagnie, bibliothèque nouvelle, rue Lully, 3.	6 ans	
» Juin 15	THEINLOT et THOMAS, appareils à gaz, rue Montmartre, 32.	9 ans.	Dissoute 17 Oct. 1850
» Fév. 4	THEVELIN et compagnie, mines d'or, boulevart Poissonnière, 6.	6 ans.	
» Mars 15	THIEVES, Adolphe, et frères, mousselines, rue du Sentier, 16.	5 ans.	
» Avril 11	THIBAULT, G., et compagnie, terrains en Californie, Faubourg-Poissonnière, 62.	5 ans.	
» Août 10	THIBOUMERY et compagnie, draps feutre, rue de Touraine, 2.	5 ans.	

DATES des publications.	RAISONS SOCIALES ET SIÉGES.	DURÉE.	OBSERVATIONS.
1850. Mars 22	THIERRY et compagnie, assurance *la Fraternité*, rue de Bondy, 28.	25 ans.	
» Avril 24	THIRION MAILLARD, nouveautés, rue Neuve Saint-Eustache, 54.	5 ans.	
» Juill. 20	THIROUIN et Henri FAUVEL, cabinet d'affaires, rue de Louvois, 2.	id.	
» Nov. 11	THOLIN et VANLOO, ébénisterie, rue Sedaine, 15.	6 ans.	
» Juil. 23	THOMAS et CHEVY, modes, rue Montmartre, 112.	10 ans.	
» Mars 2	THOMAS, Léon, et MARC, nouveautés, rue Soufflot, 9.	7 ans.	
» » 20	THOUREL fils et compagnie, soies, rue de Mulhouse, 11.	10 ans.	
» Juill. 27	TOURNET, J., et compagnie, magasin de deuil, rue Rambuteau, 77.	9 ans.	
» Sept. 4	TORTEZ et CANIVET, pâtissiers, rue Saint-Denis, 238.	8 ans.	
» Août 7	TOURETTE et DUMONT, boutons, rue Saint-Denis, 173.	2 ans.	
» Mars 10	TOURNIER, F., et L. BUFFET, musique, passage du Grand-Cerf, 22.	15 ans.	
» Avril 13	TOUZART et compagnie, tailleurs, Faubourg-Saint-Antoine, 56.		
» Nov. 20	TRANQUILLITÉ (La), assurance, boulevart Beaumarchais, 91.	50 ans.	
» Oct. 1er	TREFOUSSE et compagnie, ganterie, rue de Braque, 2.	»	
» Mars 6	TRESCA et compagnie, huiles, rue des Amandiers-Popincourt, 36.	18 ans.	
» Oct. 16	TREQUET et compagnie, bois, rue de la Grande-Truanderie, 48.	15 ans.	
» Fév. 20	TRISTAN DE SAINT-ANDRÉ, SERVIAN et comp., commiss., r. des P.-Ecuries, 10.	12 ans.	
» Oct. 15	TRONCHE et CHATTEAUX, fleurs artificielles, rue Monsigny, 9.	3 ans.	

DATES des publications.	RAISONS SOCIALES ET SIÉGES.	DURÉE.	OBSERVATIONS.
1850. Mai 22	TRUCHON (Veuve) et fils, vins en gros, à Bercy, Grande-Rue, 80.	6 ans.	
» Nov. 8	TRUPEL et VANGANSENWINKEL, commiss. en marchandises, rue des Marais, 78.	10 ans.	
» Déc. 20	TURQUAIS et DUBOURG, établis de bijoutiers, rue du Vert-Bois, 36.	3, 6 ou 9 ans.	

V.

1850. Mai 5	VACHON, Je, et X. VAN DE CASTECLE et Cⁱ, transp. p. la Calif., b. Bonne-Nouv., 3.	8 ans	
» Août 14	VACOSSIN BONNET et FOURNIER, commissionnaires, rue Chauchat, 20.		
» Août 31	VANDERHEYM, S., diamants, rue Rossini, 16.	5, 10 ou 15 ans.	
» Juin 25	VARIN et JACMART, passementerie, rue Rambuteau, 79.		
» Août 7	VATARD DOUCET et compagnie, bijoutiers, rue Chapon, 18.	8 ans.	
» Mars 1er	VEILLARD et compagnie, caisse de prêt, rue du Helder, 12.	50 ans.	
» Mai 11	VEILLAT et compagnie, broderies, boulevart Saint-Denis, 26.	10 ans.	
» Oct. 12	VÉRITÉ, A., fils et compagnie, apprêt d'étoffes, à Sablonville, Grande-Rue, 11.	0 mois.	
» Avril 19	VERNER et compagnie, Ambigu-Comique.		En remplacem. de M. S.-Ernest
» Mai 31	VERNES et compagnie, banque, rue Ménars, 4.	8 ans.	
» Août 10	VIAN, E., aîné et J. REYNIER, droguerie, rue Vieille-du-Temple, 30.	2 ans.	
» » 14	VILHERUT père et compagnie, commission, boulevart Poissonnière, 14.	0 ans.	
» Juin 19	VIDOT et MUFRAND, carrière, à Vanves.		

DATES des publications.	RAISONS SOCIALES ET SIÉGES.	DURÉE.	OBSERVATIONS.
1850. Nov. 15	VIEL et DELRUE, bijoutiers changeurs, quai Pelletier, 30.	6 ans.	
» Juill. 28	VIGOUREL et compagnie, mines d'or, rue Gaillon, 12.	9 ans.	
» Mars 10	VIGOUREL et compagnie, achats d'immeubles, rue Gaillon, 12.	10 ans.	
» » 21	VIGUES et frères, bois des îles, Faubourg-Saint-Antoine, 63.	9 ans.	
» Oct. 19	VILESPY, J.-A.-H, et compagnie, mines d'or, boulevard Saint-Martin, 53.	10 ans.	
» Avril 12	VILLARD et compagnie, sable de rivière, quai Jemmapes, 116.	5 ans.	
» Fév. 1er	VILLEMINOT et JOUANNY, papeterie, Faubourg-du-Temple, 84.	Id.	
» Janv. 27	VILLEMSENS et GALY, pharmacie, rue des Lombards, 34.	18 mois.	
» Mai 3	VILLENEUVE et RIQUIER, cuirs, à Montmartre, rue de l'Empereur, 19.	10 ans.	
» Janv. 21	VINCENT et compagnie, boutons, rue des Enfants-Rouges, 7.	12 ans.	
» Oct. 17	VINCENT et TISSERANT, cire à cacheter, rue Michel-le-Comte, 21.	10 ans.	
» Nov. 25	VINET et compagnie, chocolat, place des Victoires, 2.	25 ans.	
» Juill. 22	VIREY et compagnie, grains et farines, à La Villette.	70 ans.	
» Mai 19	VRIGNAUD, LENOEL et TERRAL, meubles, boulevart Beaumarchais, 82.	6 ans.	
» Juin 4	VUITTON et DARBLET, emballeurs, rue des Bons-Enfants, 7.	9 ans.	

W.

» Juill. 26	WAHL et compagnie, marchandises d'occasion, rue des Filles-du-Calvaire, 29.	»	

DATES des publications.	RAISONS SOCIALES ET SIÉGES.	DURÉE.	OBSERVATIONS.
1850. Juill. 21	WALASTON et compagnie, télégraphe sous-marin, rue Saint-Georges, 23.	50 ans.	
» Fév. 23	WARD et compagnie, usine à gaz, rue Mogador, 16.	33 ans.	
» Mai 12	WEISMULLER et POLLART, camels, rue Saint-Martin, 87.	10 ans.	
» Avril 13	WIERRE et compagnie, charbons de terre, à Batignolles, rue de la Paix, 62.	9 ans.	
» Juill. 28	WITIER et BERNIER, tissus, rue des Jeûneurs, 21.	6 ans.	
» Juin 15	WOUTERS, Pascal, et compagnie, eau-de-vie, rue Saint-Georges, 46.	id.	

Y.

» Nov. 7	YORKE et compagnie, épingles, rue Picpus, 57.	1 an.	
» Janv. 20	YVONNET, Alphonse, et compagnie, papiers, rue Coquillière, 12 bis.	6, 12 ou 18 ans.	

INTERDICTIONS.

Noms, prénoms, qualités et demeures des personnes interdites ou assistées de conseils judiciaires du département de la Seine.	Résultats des jugements ou arrêts.	Dates des jugements ou arrêts.
ADAM, François, jardinier-fleuriste, faubourg Saint-Jacques, 71.	Interdiction.	1850. Août 50
ALLAIS, Jean-Alexandre, graveur, à Montrouge, Grande-Rue, 51.	Id.	» Oct. 10
BARATON, Pierre, rentier, rue du Caire, 15.	Conseil judiciaire.	» Mai 18
BERTHE fils, Louis-Marin, sans profession, rue de la Boule-Rouge, 6.	Id.	» Déc. 20
BERTIN, Jules ex-facteur à la halle, dem. rue Tronchet, 25, maintenant à Charenton.	Interdiction.	» Janv. 16
BERTRAND, Madeleine, rue Saint-Honoré, 106, maintenant détenu à Charenton.	Id.	» Juill. 26
BONNEVAL (Guy de), Charles-François, propriétaire, avenue des Champs-Elysées, 44.	Id.	» Fév. 11
BOUCHEZ, Louis-Gabriel, sans profession, boulevart Saint-Denis, 9.	Conseil judiciaire.	» Mai 18
BOULENGER, Charles-Armand, rue Chapon, 21.	Id.	» Août 50
BOURLON fils, Edmond, sous-lieut. au 4e rég. d'inf. légère, en garnison à Rouen, ayant demeuré r. Neuve-des-Mathurins, 96.	Id.	» Avril 17
BOYELDIEU, Suzanne-Henriette, veuve en secondes noces de Louis-Henri-Eugène Petit, à Passy, impasse des Carrières, 6.	Id.	» Fév. 26

Noms, prénoms, qualités et demeures des personnes interdites ou assistées de conseils judiciaires du département de la Seine.	Résultats des jugements ou arrêts.	Dates des jugements ou arrêts.
BRISSEAU DE MIRBEL, Charles-François, membre de l'Institut, avenue Dauphine, 1.	Interdiction.	1850. Fév. 15
CARABY, Caroline, au pensionnat de Mlle Vaquerie, à Passy, rue Franklin, 9.	Id.	» Nov. 21
COLLARD, Eugène, rue Richer, 13.	Conseil judiciaire.	» Juin 7
COUCHÉ, Marie-Anne-Pauline, majeure, à la maison de santé du docteur Brière de Boismort.	Interdiction.	» L M 10
DELABY, Marie-Françoise, célibataire, quai d'Orléans, 20, Ile Saint-Louis.	Id.	» Août 11
DESABIE, Camille, sans profession, rue Joubert, 37.	Conseil judiciaire.	» » 9
DESMONTS, Charles, commis, à la Villette, rue d'Isly.	Id.	» Janv. 10
DOBSER, Anne Catherine-Françoise-Salésic-Valérienne, dite Adèle, rue Rousselet-S.-Germain, 5.	Id.	» Juill. 5
DORY, Jean-Etienne, faubourg Saint-Martin, 235.	Id.	» » 24
FAGET DE BAURE, Charlotte-Clémentine, célibataire, majeure, rue de Lille, 75.	Interdiction.	» Août 2
FORT, Marie-Anne, veuve Frédéric-Xavier-Pierre Bilfeldt, maison de santé, rue Piepus, 6.	Id.	» Juin 5
FOSSÉ, Marie-Victoire-Adélaïde, Ve Christophe Hautin, rue de la Barouillère, 8.	Conseil judiciaire.	» Août 2
GIMEL, Louis-Gustave-Adolphe (De), soldat au 11e rég. de dragons en garnison à Joigny, dem. rue Louvois, 6.	Id.	» Janv. 16

Noms, prénoms, qualités et demeures des personnes interdites ou assistées de conseils judiciaires du département de la Seine.	Résultats des jugements ou arrêts.	Dates des jugements ou arrêts.
GIOT, Louis-Edme, propriétaire, rue Monceau, 17.	Conseil judiciaire. Changem. de cons.	1850. Août 14 » Sept. 21
GONSE, Antoine-Pierre-Abraham. (*V. pour sa demeure Laurens Rabier, av.*)	Conseil judiciaire.	» Août 7
GRANGER, Charles-Antoine-Alfred, rue de Grammont, 12.	Id.	» » 21
GRANGER, Alexis, propriétaire, r. Bayard, 5.	Id.	» Nov. 22
GRÉGOIRE, Adeline-Joséphine-Augustine, à Charonne, rue de Paris, 25.	Interdiction.	» Juill. 5
GRIGNY, Pierre-Mathieu, propriétaire, rue de Cotte, 31.	Id.	» Déc. 6
GUYOT, Charles-François, dem. à Nogent-s.-Marne (Seine).	Conseil judiciaire.	» Nov. 13
HERVET, Pierre-Marie, ayant demeuré rue Grenétat, 8, maintenant au Hàvre, rue Marie-Thérèse.	Id.	» Avril 17
BERY, Héloïse-Catherine-Emilie, veuve Eléonore-Louis-François Parent, détenue à Charenton.	Interdiction.	» Mai 17
HIBON, Abel, médecin, rue du Bac, 122.	Mainlevée de cons.	» Déc. 11 (1).
BUGONNIN, Jeanne-Joséphine, veuve Philippe-Théodore Thibault, place des Vosges, 26 bis, et résidant de fait en la maison de santé de Charenton.	Interdiction.	» Avril 10
HUREL, Adrien-François, cuilleriste, rue de l'Hôtel-de-Ville, 128, maintenant à l'hospice de Bicêtre.	Id.	» Juin 19
JACOTOT, Joseph, employé, rue de l'Est, 23.	Conseil judiciaire.	» Mars 25

(1) Le jugement qui avait nommé un conseil au sieur Hibon a été rendu par le tribunal de Corbeil, le 50 janvier 1845.

Noms, prénoms, qualités et demeures des personnes interdites ou assistées de conseils judiciaires du département de la Seine.	Résultats des jugements ou arrêts.	Dates des jugements ou arrêts.
JOUSSELIN, Augustine-Madeleine-Philippine, célibataire majeure, 20, rue d'Enfer.	Interdiction.	1850. Fév. 15
LASSARRE, François, anc. entrepr. de charpente, ayant demeuré rue Neuve-Plumet, 4, mainten. chez le docteur Pinel, à Neuilly.	Id.	» Juill. 17
LAURENT, Marie-Barbe, veuve du sieur Jean-Charles Samson, actuellement chez le docteur Pinel, à Neuilly, ayant demeuré rue Roquepie, 14.	Interdiction.	» Juin 14
LAVALLÉE, Eugène, propriétaire, rue des Canettes, 24.	Conseil judiciaire.	» » 26
LAW DE LAURISTON, Arthur, avenue des Champs-Élysées, 77.	Id.	» Mars 23
LEBOURGUIGNON DUPERRÉ fils, Constantin-Gabriel, rue Pigale, 33.	Id.	» Juin 1er
LECOINTE, Jacques-Frédéric, ancien négociant, rue Hautefeuille, 17.	Id.	» Août 28
LENOIR DUFRESNE, Guillaume-Jean-Isige, ancien graveur, maison de santé de M. Belhomme, rue Charonne, 163.	Interdiction.	1849. Déc. 28
LENOIR DUFRESNE, Céleste-Jeanne-Madeleine, épouse de Victor Morard, avocat, rue Montmartre, 165, ladite dame résidant à Caen dans la maison du Bon-Sauveur.	Id.	Id.
LEROY, Ernest-Louis-Alfred, rue Saint-Quentin, 10.	Conseil judiciaire.	1850. Août 28
MACAIRE, Pauline-Adrienne, veuve de César-Hippolyte Bacle de Saint-Loup.	Id.	» Sept. 19
MARTIN, Guillaume-Foleran-Maurice, à la maison de santé, rue Charonne, 163.	Interdiction.	» Fév. 8
MARTIN, Louise-Sophie, célibataire majeure, boulevart des Filles-du-Calvaire, 5.	Id.	» Juin 10

Noms, prénoms, qualités et demeures des personnes interdites ou assistées de conseils judiciaires du département de la Seine.	Résultats des jugements ou arrêts.	Dates des jugements ou arrêts.
MATHIS, Léon, cavalier au 1er régiment de lanciers, en garnison à Versailles.	Conseil judiciaire.	1850. Janv. 16
MEREY ARGENTAU, Alfred-Florimond-François-de-Paul (de), rue Neuve-des-Mathurins, 15.	Id.	» Fév. 23
MONIER, Louis-Ferdinand, rue des Francs-Bourgeois, aux Marais, 1.	Id.	» Juill. 31
MOURET, Ambroisine-Désirée, épouse de Augustin Herbel, rue d'Angoulême-du-Temple, 12; ladite dame résidant à la maison de santé rue Picpus, 6.	Interdiction.	» Mai 17
NICOLAS, Louis-Denis, rentier, rue Saint-Lazare, 102.	Conseil judiciaire.	» Mars 8
NOURTIER, Alexandre, à Belleville, rue des Couronnes.	Id.	» » 22
PALEY, Pierre-Alfred, sans profession, passage Saulnier, 18.	Id.	» Avril 6
PASTURAL, Antoine, rentier, à Passy, rue de La Tour, 78.	Id.	» Nov. 29
PÉCOU DE CHERVILLE, Gaspard, rue de Clichy, 50.	Id.	» Mai 10
POTTIER fils, Émile-Abel, rue de La Tour-d'Auvergne, 23.	Id.	» Oct. 8
QUICHERAT fils, Jean-Émile, rue du Cherche-Midi, 34.	Id.	Jug. 8 Janv. Arrêt 15 Juin.
RENAUD D'ASNIÈRES DE LA CHATAIGNERAYE fils, Joseph, rue de Lille, 123.	Id.	Jug. 8 Mai. Arrêt 8 Juin.

Noms, prénoms, qualités et demeures des personnes interdites ou assistées de conseils judiciaires du département de la Seine.	Résultats des jugements ou arrêts.	Dates des jugements ou arrêts.
ROUGRAVE fils, Louis-Marie (de), rue Constantine, 20.	Conseil judiciaire.	1850. Mai 17
RUSTAN, Aménaïde-Clara, résidant en la maison de santé de Charenton.	Interdiction.	» » 10
THIBAULT, Adélaïde-Jeanne, veuve de Joseph-Armand Daverdoing, demeurant à la maison de santé, rue du Faubourg-Saint-Antoine, 303.	Id.	» Oct. 8
TRUBERT, Jenny-Marie, célibataire majeure, rue Miromesnil, 31.	Id.	» Août 23
TURIN fils, Ernest-Philibert (de), rue Neuve-des-Mathurins, 84.	Conseil judiciaire.	Id.
VERDIER, Georges-Auguste-Esprit, commis-marchand, rue de la Sourdière, hôtel Besançon.	Id.	» Juin 6
VILLOUTREYS fils, Aimé-Léon (de), rue de Ponthieu, 15.	Id.	» Déc. 3

TABLEAU DES AVOUÉS

DU DÉPARTEMENT DE LA SEINE.

Ce tableau est dressé dans le but de se renseigner au besoin près de MM. les Avoués qui ont occupé dans les diverses séparations de corps et de biens dont la liste suit.

MM.

ADAM, place du Louvre, 26.

ARCHAMBAULT, rue de la Monnaie, 16.

AVIAT, rue Rougemont, 6

BELLAND, rue du Pont-de-Lodi, 5.

BERTHÉ, rue de Choiseul, 4.

BERTHIER, rue Gaillon, 11.

BILLAULT, rue du Marché-St-Honoré, 3.

BLOT, rue Sainte-Anne, 55.

BOINOD, rue de Choiseul, 11.

BONCOMPAGNE, rue Vivienne, 10.

BONNEL DE LONGCHAMP, rue de l'Arbre-Sec, 48.

BOUCHER, rue Neuve-des-Petits-Champs, 95.

BOUDIN, rue de la Corderie-Saint-Honoré, 4.

BOUISSON, rue Hauteville, 30.

BOURSIER, rue Saint-Marc-Feydeau, 16.

BROCHOT, rue Neuve-Saint-Augustin, 30.

MM.

BURDIN, quai des Augustins, 11.

CALLOU, boulevart Saint-Denis, 22.

CAMPROGER, rue Sainte-Anne, 49.

CASTAGNET, rue de Havovre, 21.

CHAGOT, rue de Cléry, 21.

CHAUDÉ, rue Louis-le-Grand, 25.

CHAUVEAU, place du Châtelet, 2.

CHÉRON, rue Louis-le-Grand, 37.

CHEUVREUX, rue Grammont, 28.

COLMET fils, place Dauphine, 12.

CAUMARTIN jeune, rue Bergère, 18.

CORPEL, rue Neuve-Saint-Augustin, 49.

COTTEREAU, rue Gaillon, 25.

MM.

COURBEC, rue de la Michodière, 21.

CULLERIER, rue du Harlay, 20.

DE BENAZÉ, rue Louis-le-Grand, 7.

DE BRETONNE, rue Vivienne, 8.

DE LACOURTIE, rue des Pyramydes, 8.

DELAFOSSE, rue Croix-des-Petits-Champs, 58.

DELORME, rue Richelieu, 85.

DENOMANDIE, rue du Sentier, 4.

DEPLAS, rue Sainte-Anne, 67.

DEQUEVAUVILLIERS, rue N°-des-Capucines, 8.

DERVAUX, rue Saint-Merry, 23.

DESGRANGES, rue de la Michodière, 20.

DEVANT, rue Saint-Germain-l'Auxerrois, 86.

DEVIN, rue Montmartre, 63.

DROMERY, rue de Mulhouse, 9.

DUCHÉ, rue Rambuteau, 20.

DUCHATENET, rue Poissonnière, 18.

DUCLOS, rue Chabanais, 4.

DUPARC, rue Neuve-des-Petits-Champs, 50.

MM.

DUVAL, rue de Hanovre, 5.

DYVRANDE aîné, rue Favart, 8.

ENNE, rue Richelieu, 15.

ESTIENNE, rue Sainte-Anne, 34.

FOURET, rue Sainte-Anne, 51.

FOUSSIER, rue de Cléry, 15.

FROGER DE MAUNY, rue Verdelet, 4.

GALLARD, boulevart Poissonnière, 14.

GAMARD, rue Notre-Dame-des-Victoires, 32.

GAULLIER, rue du Mont-Thabor, 12.

GENESTAL, rue Neuve-des-Bons-Enfants, 1.

GHÉERBRANT, rue Gaillon, 14.

GIRAULT, place du Louvre, 22.

GLANDAZ, rue Neuve-des-Petits-Champs, 87.

GODARD, boulevart Saint-Denis, 23.

GOISET, rue Louis-le-Grand, 3.

GOURBINE, rue du Pont-de-Lody, 8.

GRACIEN, rue de Hanovre, 4.

GRANDJEAND, rue des Fossés-Saint-Germain-l'Auxerrois, 29.

GUÉDON, boulevart Poissonnière, 23.

MM.

GUÉRIN, rue d'Alger, 9.

GUIBERT, rue Grammont, 7.

GUIDOU, rue Neuve-des-Petits-Champs, 62.

GUYOT-SYONNET, rue Grammont, 14.

HARDY, rue Verdelet, 4.

HUET (Eugène), rue de Louvois, 2.

JOOSS, rue du Bouloy, 4.

JARSAIN, rue de Choiseul, 2.

JOLLY, rue Favart, 6.

KIEFFER, rue Christine, 3.

LABÉ, rue Saint-Augustin, 6.

LABOISSIÈRE, rue du Sentier, 3.

LACROIX, rue Sainte-Anne, 51 bis.

LAPERCHE, r. Sainte-Anne, 48.

LAURENS, rue de Seine-Saint-Germain, 43.

LAURENS-RABIER, rue Coquillière, 27.

LAVAUX, rue Neuve-Saint-Augustin, 24.

LEFAURE, rue Neuve-des-Petits-Champs, 76.

LEFÉBURE, rue Neuve-Saint-Eustache, 45.

LEFÈVRE, place des Victoires, 3.

MM.

LEMESLE, rue de Seine-Saint-Germain, 48.

LESCOT, rue du 29 Juillet, 11.

LESIEUR, rue d'Antin, 19.

LAVAUX, rue du Bac, 40.

LOMBARD, rue des Jeuneurs, 35.

LOUSTAUNAU, rue Saint-Honoré, 291.

LORGET, rue Saint-Honoré, 317.

LOUVEAU, rue Richelieu, 48.

MAES, rue Grammont, 12.

MARCHAND, rue Saint-Honoré, 283.

MARTIN, rue Richelieu, 60.

MARTIN, rue Saint-Anne, 46.

MASSARD, rue Saint-Anne, 57.

MERCIER, rue Saint-Merry, 12.

MESTAYER, rue des Moulins, 10.

MEYNARD, rue Montmartre, 111.

MIGEON, rue des Bons-Enfants, 21.

MITOUFFLET, rue des Moulins, 20.

MOREAU, place des Vosges, 21.

MOREAU (Oscar), rue Lafitte, 7.

MORIN, rue Richelieu, 102.

MOUILLEFARINE, rue Montmartre, 164.

MM.

MOULINNEUF, rue Montmartre, 39.

MOULLIN, rue des Petits-Augustins, 8.

NAUDEAU, r. Neuve-des-Petits-Champs, 36.

NOURRY, rue de Cléry, 8.

PAUL, rue de Choiseul, 6.

PAUTIN, rue des Bons-Enfants, 7.

PARMENTIER, rue Hauteville, 1.

PÉLARD, rue des Moulins, 15.

PÉRONNE, rue Bourbon-Villeneuve, 35.

PETIT-DEXMIER, rue du Hazard, 1.

PETIT-BERGOUZ, rue Neuve-Saint-Augustin, 31.

PETTIT, rue Montmartre, 137.

PICARD, rue du Port-Mahon, 12.

PIERRET, rue de la Monnaie, 11.

PINSON, rue du Helder, 12.

PLOCQUE, rue Thévenot, 16.

POISSON-SÉGUIN, rue Vivienne, 12.

POSTEL, rue de Louvois, 10.

POUPINEL, rue de Cléry, 5.

MM.

PROTAT, rue Richelieu, 28.

PROVOST, quai des Orfèvres, 18.

QUILLET, rue Neuve-des-Petits-Champs, 83.

RAMOND DE LA CROISETTE, rue Boucher, 4.

RENDU, rue du 29 Juillet, 3.

RICHARD, rue des Jeuneurs, 42.

ROBERT, rue du Sentier, 10.

ROUBO, rue Richelieu, 45.

SAINT-AMAND, passage des Petits-Pères, 9.

SINET, rue Sainte-Anne, 57.

THOMAS, rue Saint-Honoré, 301.

TISSIER, rue Rameau, 6.

TIXIER, rue de la Monnaie, 26.

TOUCHARD, rue du Petit-Carreau, 1.

TRONCHON, rue Saint-Antoine, 110.

VALBRAY, rue Neuve-Saint-Augustin, 22.

VARIN, rue Montmartre, 139.

VIAN, rue du 24 Février, 8.

VIGIER, quai Voltaire, 15.

VINAY, rue Louis-le-Grand, 9.

VINCENT, rue Saint-Fiacre, 20.

SÉPARATIONS DE CORPS ET DE BIENS

PUBLIÉES DANS LES JOURNAUX OFFICIELS.

Dates des jugements ou arrêts qui les ont prononcées.	NOMS ET DEMEURES DES ÉPOUX SÉPARÉS.	De corps et de biens ou de biens seulement.	Noms des avoués constitués.
1850. Janv. 10	ALIX, Louis-Charles, rue des Ecrivains, 4.	Biens.	Varin.
» Mars 15	ALBERTIN, Louis, quai de l'Ecole, 38.	Id.	Pantin.
» Nov. 8	ALLAIS, Louis-Prosper, à Boulogne-sur-Seine.	Id.	Petit Bergonz.
» Déc. 21	AMELINE, Jean-François-Amand, boulevart Beaumarchais, 55.	Id.	Cullerier.
» Août 20	ANGOT, Alphonse, place Fontenay, 1.	Id.	De Plas.
» Avril 13	ANSEL, Jacques, Faubourg-Poissonnière, 13.	Id.	Quillet.
» Déc. 31	APCHÉ, Jean-Baptiste, rue Saint-Honoré, 113.	Id.	Archambault. Guyot.
» » 19	AUDIBERT, Jacques-François-Marie, cité Gaillard, 3.	Id.	Sibire.
» Août 10	AUROUX, Hippolyte, à Liége (Belgique).	Corps et B.	Varin.
» Janv. 8	ANCELET, Jean-Marie, à Charonne, rue Saint-Germain, 31.	Biens.	Belland.
» Fév. 27	AUBERNON, François-Georges, rue de Lille, 5.	Corps et B.	Moullin.
» Août 10	AVICE, Alexis, à Cerisy-Belle-Etoile (Orne).	Biens.	Ploque.

17

Dates des jugements ou arrêts qui les ont prononcées.	NOMS ET DEMEURES DES ÉPOUX SÉPARÉS.	De corps et de biens ou de biens seulement.	Noms des avoués constitués.
1850. Fév. 1er	AUGET, Pierre-Gustave, rue du Sentier, 10.	Biens.	Robert.
» Avril	AYMERY (D'), Charles, cité Odiot, 2.	Id.	Fourel.
	B.		
1850. Juin 1er	BARTHÉLEMY, Antoine, rue Saint-Laurent, 82, à Belleville.	Biens.	Godard.
» Fév. 8	BAZAC LE LA RIVIÈRE, Jules-Joseph, à Saint-Ouen.	Id.	Billaud.
» Mars 13	BAYARD, Anne, Faubourg-Saint-Antoine, 220.	Corps et B.	Duparc.
» Mai 3	BAUJARD, Claude, rue de Charenton, 74.	Id.	Martin.
» Août 14	BARBET, Augustin, rue des Minimes, 14.	Biens.	René Guérin.
» » 50	BARDET, Louis-Joseph, à Montmartre, barrière Poissonnière, 11.	Id.	Pétonne.
» » 7	BARATTE, Bernard, rue de Grenelle-Saint-Germain, 22.	Corps et B.	Moullin.
» Nov. 9	BABADE, Jean-Baptiste-Auguste, à Vincennes, rue de Montreuil, 29.	Biens.	Boudin.
» » 29	BALOCHE, François, rue de La Coutellerie, 17.	Corps et B.	Deplas.
» Oct. 51	BARRAL, Pierre, rue Neuve-des-Mathurins, 36.	Biens.	Duclos.
» Août 14	BERTHE DE VILLERS, François-Gérome-Ernest, r. S.-Dominique, 25.	Id.	Glandas.
» » 6	BENARD, François-Eugène, rue de Verneuil, 34.	Id.	Estienne.
» Mai 11	DELLENGER, Zénon-Hippolyte, rue de la Grande-Truanderie, 14.	Id.	E. Morin.

Dates des jugements ou arrêts qui les ont prononcées.	NOMS ET DEMEURES DES ÉPOUX SÉPARÉS.	De corps et de biens ou de biens seulement.	Noms des avoués constitués.
1850. Avril 21	BEAURY, Jean-Joseph, rue de la Cossonnerie, 6.	Corps et B.	Fouret.
» » 18	BESNARD, Louis-Adolphe-Ferdinand, quai Voltaire, 21 bis.	Biens.	Viaay.
» Fév. 16	BELOT, Marie-Désiré, galerie Vivienne, 52.	Id.	Gamard.
» Janv. 31	BERTON, Philippe, quai Conti, 15.	Biens.	Poisson-Séguin.
» » 14	BELLANGER, Louis-Frédéric, Faubourg-Poissonnière, 9.	Id.	Vigier.
» » 8	BENOIT, Michel-Amaranthe, rue	Id.	Blot.
1849. Déc. 8	BELIN, Dominique-François, ancien liquoriste, quai des Augustins, 17.	Corps et B.	Burdin.
1850. Oct. 12	BISSON aîné, Antoine-Victor, rue Lafayette, 22.	Biens.	Dromery.
» Août 21	BLACHÈRE, Louis, passage Saulnier, 6.	Id.	Boursier.
» » 50	BLANCHET, Georges-Louis, rue des Petits-Hôtels, 27.	Id.	Petit-Bergonz.
» Janv. 16	BLÉMONT, Léonard-Sénèque, rue des Fossés-Saint-Bernard, 36.	Id.	Mouillefarine.
» Juin 13	BLESSON, Louis-Edouard, rue aux Ours, 36.	Id.	Grandjean.
» Juil. 50	BLANCHARD, Louis-Joseph, rue Guérin-Boisseau, 11.	Id.	Laurens (Rahler).
» Août 17	BOURGUIGNON, Honoré, rue Notre-Dame-des-Victoires, 26.	Id.	Parmentier.
» Sept. 17	BOUCHON, Pierre-Hilaire, rue Vivienne, 36.	Id.	Petit.
» » 27	BULAN, Pierre-Jean-Baptiste, rue Rochechouart, 18.	Id.	Touchard.
» Mars 16	BOREL MIRACLE, Paul-Emile, à Grenelle, rue Violet, 41.	Id.	E. Lorget.
» Nov. 21	BLAISOT, Louis-Antoine, rue de Bondy, 51.	Id.	Mercier.

Dates des jugements ou arrêts qui les ont prononcées.	NOMS ET DEMEURES DES ÉPOUX SÉPARÉS.	De corps et de biens ou de biens seulement.	Noms des avoués constitués.
1850. Nov. 23	BONIS, Pierre, boulevart Poisson-nière, 12.	Corps et B.	Boncompagne.
» Mars 21	BOETTE, Etienne, à Courbevoie, rue de Bezons, 18.	Biens.	Protat.
» » 23	BOISSIÈRE, Marc, rue d'Aboukir, 50.	Corps et B.	Guyot-Syonnet.
» Avril 13	BOUVIER, Benoît, rue Neuve-des-Mathurins, 37.	Biens.	Dromery.
» Juin 27	BONNEMAIN, Jean-François, cité de l'Etoile, à Neuilly.	Corps et B.	Petit-Bergonz.
» » 5	BOURDIER, François, rue du Ca-dran, 5.	Id.	Deplas.
» Janv. 26	BRULARD, Louis-Simon, rue du Caire, 30.	Biens.	Jarsaln.
» Juin 14	BRECHOT, Louis-Simon-Auguste, rue de Bondy, 42.	Id.	E. Morin.
» » 1er	BRISSON, Pierre-Louis, rue d'Orléans-Saint-Marcel, 17.	Id.	Tronchon.
» Mars	BENOIST (de) DE LA PRUNARÈDE Fulcrand-Henri-Marie-Eugène, rue de Grammont, 23.	Id.	Cl. Boudin.

C.

1850. Janv. 16	CAMUSET, Auguste, à Montmartre, avenue du Cimetière, 15.	Corps et B.	De Benazé.
» Avril 11	CAVIROT, Jean-Baptiste, rue Neuve-Saint-Martin, 31.	Biens.	E. Morin.
» » 23	CARDEUR, François, rue du Bouloi, 1.	Id.	Jooss.
» Juin 4	CARTEL, Jean-Baptiste-Henri, rue de la Douane, 6.	Corps et B.	O. Moreau.
» Juill. 4	CAPGRAS, Antoine, à Belleville, rue de Romainville, 31.	Biens.	Richard.

Dates des jugements ou arrêts qui les ont prononcées.	NOMS ET DEMEURES DES ÉPOUX SÉPARÉS.	De corps et de biens ou de biens seulement.	Noms des avoués constitués.
1830. Juil. 23	CARPENTIER, Pierre-Robert, à Saint-Maur-les-Fossés.	Biens.	Gheerbrant.
» Août 30	CAMUS, Laurent-Denis, passage Choiseul, 43.	Id.	Boucher.
» Juill. 9	CHENEL, Guillaume-Charles-René, dit Raucourt, rue Chabrol, 25.	Corps et B.	Nigeon.
» » 4	CHEVARDIÈRE DE LA GRANVILLE, boulevard Beaumarchais, 37.	Biens.	Foussier.
» Fév. 9	CHABANNES, (de) DUPEUX, à Bourges, rue de Coursalon.	Id.	Dervaux.
» Janv. 30	CHARPENTIER, Ernest-Victor, rue du Pont-de-la-Réforme, 12.	Id.	Guibet.
» Fév. 7	CHABROL, Antoine-Isaac, rue de la Fidélité, 17.	Id.	Petit.
1849. Déc. 21	CHEVALIER, Napoléon-Louis, à Belleville, rue de Paris, 36.	Corps et B.	E. Ruel.
1850. Déc. 6	CHATELAIN, Pierre-Alphonse, rue Ferdinand, 7.	Biens.	E. Morin.
» Juin 8	CHION, Alphonse-Victor, à Preuilly (Indre-et-Loir).	Corps et B.	Massard.
» Oct. 30	CERNESSON, Jacques-Edme-Napoléon, Faubourg-Saint-Honoré, 27.	Biens.	Marchand.
» Déc. 18	CHABANNES, Octave-Pierre-Antoine-Henry, capit. de vaiss., r. Taranne, 19.	Id.	Génestal.
» Oct. 31	CHOUMARA, Jean-Victor-Alexis, rue Laffitte, 43.	Id.	Lefaure.
» Mars 8	CHAPSAL, Jean-Martial, rue Pigale, 33.	Id.	Joost.
» Avril 6	CHOCAT, Pierre-Victor, à Courbevoie, quai Napoléon, 2.	Id.	Cottereau.
» Mai 10	CHARRÉE, Henry-Joseph, confiseur, maison Frascati, boul. Montmartre.	Biens.	Lesieur.
» Juin 7	CHEZAUD, Pierre, rue Aubry-le-Boucher, 21.	Id.	Netcier.
» Août 30	CHIVOT, Étienne-Théodore, à Batignolles, Grande-Rue, 43.	Id.	Gracien.

Dates des jugements ou arrêts qui les ont prononcées.	NOMS ET DEMEURES DES ÉPOUX SÉPARÉS.	De corps et de biens ou de biens seulement.	Noms des avoués constitués.
1850. Juin 14	CLERJON DE CHAMPAGNY, Jean-Clément, rue de Vaugirard, 63.	Biens.	Maës.
» » 5	COUSIN, Pierre-Claude, sans domicile connu.	Id.	Ad. Tixier.
» Mars 15	COLLONNIER, Jean-Victor, place du Carrousel, 4.	Corps et B.	Plocque.
1849. Déc. 27	COMBESCOT, Dupont, à La Graulière (Corrèze).	Biens.	Péronne.
1850. Mai 16	CORNUT GENTILLE, Pierre-Louis, rue Richelieu, 77.	Id.	De Benazé.
» Mars 1er	COURTOIS D'HURBAL, Charles-François, au chât. de St.-Germain-en-Laye.	Id.	Blot.
» Déc. 26	CRESSENT, Charles-Procope-Joseph-Auguste, rue de La Roquette, 77.	Id.	Brochot.
» Août	CALIGNY, Prosper-Auguste, rue de Londres, 36.	Corps et B.	Lefébure de Saint-Maur.
.	CALLON, Jean-Bertrand, rue Saint-André-des-Arts, 10.	Biens.	Courbée.
» Mai	COTELLE, François-Martin, rue Mazagran, 15.	Id.	Goiset.

D.

Janv. 29	DARGENT, Napoléon, à Plaisance, commune de Vaugirard.	Corps et B.	Cheron.
» Avril 10	DAMERY, Charles, cité Odiot, 2.	Biens.	Fouret.
» » 5	DAVID, Eusèbe-Ovide, boulevart des Filles-du-Calvaire, 36.	Corps et B.	E. Huet.
» » 50	DAMENS ROYET, Claude-Joseph, rue de la Goutte-d'Or, à La Chap-St.-Denis.	Biens.	Dyvrande.
» Mars	DUBARLE, Alphonse, rue Meslay, 2.	Corps et B.	Hardy.

Dates des jugements ou arrêts qui les ont prononcées.	NOMS ET DEMEURES DES ÉPOUX SÉPARÉS.	De corps et de biens ou de biens seulement.	Noms des avoués constitués.
1850. Août 29	DAVET DE BENNERY, Joseph-Frédéric, rue d'Aumale, 3.	Biens.	E. Morin.
» Fév. 23	DAWANT, Jacques-Joseph, tailleur, Faub.-St.-Martin, 115.	Id.	Thorel
» Juill. 11	DAUBANTON, Pierre-Paul, rue de Grenelle-Saint-Germain, 85.	Id.	O. Moreau.
» Août 30	DAUDER, Jacques-Jean, rue Geoffroy-Marie, 7.	Id.	Vincent.
» » 31	DEBAR, Jules, rue Saintonge, 44.	Id.	Colmet.
» » 27	DELAPORTE DE PUIFFERNAT, Louis Élie-N.-P., rue Godot-Mauroy, 38.	Id.	Duclos.
» Déc. 17	DELACOURTIE, Augustin-Jacques, rue Hauteville, 1.	Id.	Parmentier.
» » 21	DEPRESLE, Émile-Constant, rue de Bondy, 66.	Id.	Cheuvreux.
» Août 9	DELAMARRE, Théodore-Casimir, rue des Jeuneurs, 27.	Id.	Denormandie.
» Juin 4	DECOSTER, Édouard-Honoré, rue d'Estrée, 10.	Corps et B.	Levaux.
» Avril 17	DELAITRE, Étienne-Nicolas, rue Saint-Martin, 53.	Id.	Mitouflet.
» Janv. 29	DENISOT, Julien-Désiré, Faubourg-du-Temple, 29 bis.	Biens.	Dubrac.
» Juill. 12	DIZENGREMEL, Oscar-Prosper-Guillaume, rue Saint-Honoré, 304.	Corps et B.	Picard.
» » 23	DODÉ, Pierre-Marie, à La Villette, rue Bouret, 7.	Biens.	Dyvrande.
» Mars 20	DONNÉ, rue du Bouloi, 4.	Corps et B.	E. Lorget.
» Janv. 4	DOUSSET, Gilbert, rue de Provence, 7.	Id.	Pelard.
» » 5	DUBIEF, Jean-François, rue des Fossés-Saint-Bernard, 2.	Biens.	Blot.
» » 10	DURAND, Prosper-Guillaume-Jean, rue Ménilmontant, 93.	Id.	Boucher.

Dates des jugements ou arrêts qui les ont prononcées.	NOMS ET DEMEURES DES ÉPOUX SÉPARÉS.	De corps et de biens ou de biens seulement.	Noms des avoués constitués.
1850. Fév. 15	DUQUESNEY, Charles-Auguste, Faubourg-Saint-Denis, 148.	Biens.	Colmet.
» » 19	DURABLE, Alphonse, rue Meslay, 4.	Corps et B.	Hardy.
» Mai	DUPAS, Alexandre, rue Saint-Lazare, 22.	Id.	Ramond de la Croisette.
» »	DELAHAIE LEBOUIS, Jean-Baptiste, rue de Provence, 9.	Biens.	Prevot.
» Avril 18	DUBRAC, Bruno, rue de Milan, 24.	Id.	Tisier.
» Juill. 11	DUPLAN, Pierre-Paul, rue de Grenelle-Saint-Germain, 89.	Id.	O. Moreau.
» » 24	DUTHOIT, Désiré, à Sablonville, Grande-Rue, 31.	Id.	Levaux.
» Août 13	DUCHOQUET, Germain, à Montmartre, impasse Constantine, 6.	Corps et B.	Droméry.
» Avril 22	DUTROU, Jean-Louis, à Ivry, route d'Ivry, 4.	Id.	Puisson-Seguin.
» Déc. 20	DUBOIS, Marie-Amédée, quai Bourbon, 39.	Biens.	Colmet.
1849. Nov. 28	DUBUISSON, Elie-Honoré, rue Sainte-Avoie, 25.	Corps et B	Duché.
1850. Août 29	DUPONT, Michel, rue de Duras, 8	Id.	Loustauneau.
» Avril	DESLIGNIÈRES, Alexandre, avenue Châteaubriand, 10.	Biens.	Guidon.

E.

1850. Oct. 25	ESCROIGNARD, Jean-François, rue Lavandières-Sainte-Opportune, 7.	Biens.	Petit.
» » 26	ESCUDIER, Jacques-Victor-Jean-Baptiste-Louis, rue Favart, 8.	Id.	L. Prolat.
» Mars 12	ENKEL, Jean, Faubourg-Saint-Antoine, 123.	Id.	A. Quillet.

Dates des jugements ou arrêts qui les ont prononcées.	NOMS ET DEMEURES DES ÉPOUX SÉPARÉS.	De corps et de biens ou de biens seulement.	Noms des avoués constitués.
	F.		
1849. Déc. 8	FARCY, Jacques-Florent, à Saint-Denis, île Sainte-Hélène.	Corps et B.	Adam.
1850. Avril 11	FAIRMAIRE, Pierre-Antoine, rue de Ménars, 14.	Biens.	Lescot.
» Fév. 16	FERRY DE BELMARE (de), Eugène-Louis, cité Gaillard, 8.	Id.	Delorme.
» » 23	FINE, Joseph, rue Basse-du-Rempart, 40.	Id.	Gamard.
» Juin 27	FLAMENT, Cyrille-Agénor, à Batignolles, rue Saint-Louis, 2 bis.	Id.	Lefébure de Saint-Maur.
» Oct. 31	FLEURY, Etienne-Victor, rue de l'Arbre-Sec, 56.	Id.	Boncompagne.
» Mars 25	FONTAINE, Victor, rue du Cherche-Midi, 76.	Id.	Cullerier.
» Avril 30	FOUQUES (De), Thomas-Constant, rue Ventadour, 9.	Id.	Marchand.
» Août 30	FOUCHÉ, Pierre-Jean-Jacques, rue de Seine, 15.	Id.	Naës.
» Juill. 3	FOURIÉ, Joseph-Bernard, rue Mercier, 6.	Id.	E. Lefèvre.
» Oct. 17	FOURCHES, Pierre, à Antony (Seine).	Id.	Petit-Bergonz.
» Juill. 25	FOULON, Amédée-François, rue de la Muette, 29.	Corps et B.	Tronchon.
» Déc. 22	FRÉMONT, Emmanuel-Emile, Faubourg-Poissonnière, 118.	Biens.	Picard.
» Juin 28	FRANÇOIS, Henri-Hippolyte, rue de Ménars, 6.	Corps et B.	E. Morin.
	G.		
1850. Sept. 28	GALLOIS, Jean-Antoine-Louis, rue Richelieu, 38.	Biens.	Duparc.

Dates des jugements ou arrêts qui les ont prononcées.	NOMS ET DEMEURES DES ÉPOUX SÉPARÉS.	De corps et de biens ou de biens seulement.	Noms des avoués constitués.
1830. Déc. 5	GAILLARD, Jean-Antoine, marchand de bois, rue St-Etienne-B.-Nouv., 7.	Corps et B.	Aviat.
» Juin 13	GENET aîné, François, rue du 29 Juillet, 5.	Biens.	Camproger.
» Avril 29	GEOFFROY, Louis-Eugène, rue Tronchet, 13.	Corps et B.	Delorme.
» Mars 9	GERBAULET, François, rue Suger, 9.	Id.	Moullin.
» Fév. 26	GELÉE LABOULAIS, Antoine-Honoré, rue Jean-Jacques-Rousseau, 17.	Biens.	Massard.
» Janv. 19	GIRAUD, Louis-Henri-Joseph, rue Saint-Victor, 25.	Id.	Hardy.
» Sept. 28	GIROUDOT, Charles-Ferdinand, rue du Val-de-Grâce, 8.	Id.	De Benazé.
» Juill. 18	GIRAULT, Antoine, r, Mouffetard, 69.	Corps et B.	E. Devant.
» Août 16	GOUILLY, Jean-Augustin, rue de Vendôme, 7.	Biens.	Boinod.
» Juill. 20	GODEFROY, Pierre-Adolphe, à Maison-Alfort.	Id.	Tronchon.
» Juin 21	GOLOBOFF, rue Grétry, 3.	Corps et B.	Messager.
» Janv. 23	GOSSET, Eugène, dit Grainville, rue du Gril, 1.	Biens.	Robert.
» Fév. 2	GRANDRY, Jean-Baptiste, rue des Petites-Écuries 2.	Id.	Vian.
» Août 5	GRANTE, Alexandre, à Montmartre, boulevart Pigale, 10.	Id.	Laurens (Rabier).
» Juil. 4	GRENUZ, Joseph-Napoléon, rue de la Chaussée-d'Antin, 11.	Id.	De Benazé.
» Oct. 50	GUERIN, Jacques-Abraham, rue Popincourt, 82.	Id.	Génestal.
» Mars 9	GRIEUMARD, Hippolyte-Urbain, rue Saint-Georges, 16.	Id.	Hardy.
» Mai 28	GUÉRIN, Hippolyte-Julien, aux Thernes, rue des Dames, 7.	Corps et B.	Lescot.

Dates des jugements ou arrêts qui les ont prononcées.	NOMS ET DEMEURES DES ÉPOUX SÉPARÉS.	De corps et de biens ou de biens seulement.	Noms des avoués constitués.
1849. Déc. 29	GRELET, Louis-Clodoalde, faubourg Saint-Honoré, 71.	Biens.	E. Morin.
1850. Juin 7	GUIMARD, Jean, cité Trévise, 7.	Id.	Ch. Boudin.
» Avril 23	GUINEDOR, Jean Baptiste, place Dauphine, 1.	Id.	Id.
» Mars 9	GUERCHENER, Jean-Baptiste, rue des Arcis, 9.	Id.	Adam.
» Juill.	GLUNTZ, Jean-Michel, rue de Sèvres, 31, à Vaugirard.	Corps et B.	Duparc.

H.

» » 25	HAMELIN, Pierre-Nicolas-Auguste, à Passy, rue Singer, 17.	Biens.	Tixier.
» Avril 11	HARDY, Charles-Gustave-Alfred, rue du Vauxhall, 6.	Corps et B.	A. Sinet.
» Mai 18	HAYET, Michel-Eugène-Edouard, rue Vieille-du-Temple, 54.	Id.	Varin.
» Août 10	HAUSS, Jean, rue Feydeau, 3.	Biens.	Mouillefarine.
» Mars 9	HEROUT, Antoine, rue des Moulins, 28.	Id.	Id.
» Déc. 7	HEBERT, Guillaume-Joseph-Marie, 17, boulevart Saint-Denis.	Corps et B.	Duval.
» Nov. 29	HELLE, Louis-Marie-Claude-Victor, 5, boulevart Saint-Denis.	Biens.	Moullin.
» Oct. 19	HENRY, Pierre-Victor, à Grenelle, rue Mademoiselle, 30.	Id.	Génestal.
» Juin 4	HERR, Joseph-Xavier, rue Montmartre, 128.	Id.	Mouillefarine.
» Nov. 12	HOUSSOT, Louis, rue Lamartine, 34.	Corps et B.	Prevot.

Dates des jugements ou arrêts qui les ont prononcées.	NOMS ET DEMEURES DES ÉPOUX SÉPARÉS.	De corps et de biens ou de biens seulement.	Noms des avoués constitués.
1850. Mai 18	HUGUET, Edme-Eugène, rue du Ponceau, 20.	Biens.	Poisson-Séguin.
» Août	HENRION DE MAGNONCOURT, Césaire-E.-Fl., avenue Gabrielle, 38.	Id.	Glandas.
	J.		
1850. Déc. 23	JACOB, Hippolyte, rue de la Chaussée-d'Antin, 1.	Biens.	Ramond de la Croisette.
» Avril 13	JACQUEMOND, Jean-Marie, rue de Charonne, 73.	Corps et B.	Touchard.
» Août 31	JACQUET, Jean-Franç.-Marie-Léon, 44, rue de Flandres, à la Villette.	Id.	Foussier.
» Nov. 21	JOLY, Charles, à Vanves, rue Voie-Petite, 1.	Biens.	Estienne.
» Juill. 30	JOLY, Charles, à Belleville, rue des Couronnes, 66.	Id.	Généstal.
» Juin 29 et Sept. 27	JOUHANDEAUX, Pierre, rue de Berry, 11.	Id.	Lesieur.
	L.		
1849. Déc. 19	LAMELIN, Maximilien, rue des Martyrs, 35.	Biens.	Desgranges.
» » 29	LAROCHE, Pierre-François-Alfred, rue d'Enghien, 27.	Id.	Froger de Mauny.
» » 27	L'ABBÉ, Joseph, rue Samson, 51.	Id.	O. Moreau.
1850. Janv. 23	LARGILLIÈRE, Auguste-Xavier, rue d'Anjou-Saint-Honoré, 65.	Id.	A. Quillet.

Dates des jugements ou arrêts qui les ont prononcées.	NOMS ET DEMEURES DES ÉPOUX SÉPARÉS.	De corps et de biens ou de biens seulement.	Noms des avoués constitués.
1850. Déc. 10	LAVERRIÈRE, Jean-Marie, rue Grange-aux-Merciers, 45, Berci.	Biens.	Brotonne.
» » 18	LAMBERT, Jean-Baptiste, 52, rue Popincourt.	Corps et B.	Blot.
» Août 20 Arrêt Déc. 26	LAFOREST, Louis, rue de la Grande-Truanderie, 42.	Id.	Joost.
» Sept. 28	LANGLOIS, Nicolas, passage Vendôme, 28.	Biens.	Duché.
» Août 30	LAVINÉ, Jean, rue du Mail, 3.	Corps et B.	Cheuvreux.
» » 1er	LAISSUS, Alexis, rue du Val-Sainte-Catherine, 11.	Biens.	Adam.
» Janv. 5	LAUGIER, Pierre-Joseph-Adolphe, rue Drouot, 15.	Id.	Parmentier.
» Juill. 9	LASSIME, Prosper, place du Havre, 17.	Id.	Boudin.
» Mai 30	LANGUEDOC, Armand, rue Saint-Nicolas-d'Antin, 29.	Corps et B.	E. Huet.
» Avril 5	LANNOY, Jean-Marcel-Florimond, rue des Jeuneurs, 23.	Biens.	Saint-Amand.
» » 19	LARY, Alexandre-Edouard, rue Saint-Lazare, 132.	Corps et B.	Dervaux.
» Déc. 11	LEBLOND, Jacques-Philippe, place S.-Sulpice, 12.	Biens.	Huet.
» Janv. 9	LEPROVOST, Joseph, rue Perceval, 9.	Id.	Comartin.
» » 23	LEFRANC, Jean-Philibert, rue Duperré, 24.	Id.	Jooss.
» » 51	LEVASSEUR, Nicolas-Prosper, 18, rue Laffitte.	Id.	Cottereau.
» Mars 6	LECLÈRE, François-Nicolas, rue Saint-André-des-Arcs, 61.	Id.	Duclos.
» » 26	LEJEUNE, Jean-Baptiste, rue de la Huchette, 11.	Corps et B.	Pierret.
» Avril 25	LENERT, Antoine, rue Culture-Sainte-Catherine, 32.	Biens.	E. Moreau.

Dates des jugements ou arrêts qui les ont prononcées.	NOMS ET DEMEURES DES ÉPOUX SÉPARÉS.	De corps et de biens ou de biens seulement.	Noms des avoués constitués.
1830. Avril 30	LEPOITEVIN-LAPRAIRIE, 19, rue Vivienne.	Biens.	E. Lefèvre.
» Mai 17	LEBLOND, Charles-François, rue Saint-Dominique, 98.	Id.	E. Lorget.
» » 28	LEROY, Henri-Auguste, rue du Vert-Bois, 20.	Id.	Guédon.
» Juin 20	LENORMAND, Alexandre, boulevart Poissonnière, 6.	Id.	Duchâtenet.
» » 21	LEFÈVRE, Jules-Alexandre, propriétaire, avenue d'Antin, 13.	Id.	Castagnet.
» » 12	LECOURT, Charles-Henri-Adolphe, rue Montmartre, 171.	Corps et B.	Boursier.
» Juill. 23	LEBON, Pierre-Achille, rue Sainte-Hippolyte, 25.	Biens.	Desgranges.
» » 5	LEMAITRE, Nic.-François Michel, rue des Mauvaises-Paroles, 13.	Id.	Bonnel de Longchamps.
» » 27	LEMAITRE, Emile-César-Constant, rue Albouy, 14.	Id.	Boinod.
» Sept. 26	LENOIR, François-Etienne-Henri, rue Neuve-des-Petits-Champs, 20.	Id.	Postel.
» Août 16	LECOMTE, Charles, rue de Charonne, 23.	Corps et B.	Morin.
» Oct. 31	LEVESQUE, Nicolas-Frédéric, rue du Vieux-Colombier, 3.	Biens.	Belland.
» Nov. 21	LEGENDRE, Alexandre, dit vicomte de Letty, faub. S.-Honoré, 138.	Corps et B.	Dyvrande.
» Déc. 3	LEMAIRE, Charles-Hippolyte, rue Pavée-Saint-Sauveur, 3.	Biens.	Callou.
» Nov. 13	LELOGEAIL, Alexandre, rue Charlot, 19.	Corps et B.	Bouissin.
» Sept. 4	LEVISSE, Frédéric-Gustave, à Montmartre, rue Neuve-Poissonnière.	Biens.	Callou.
» Janv. 10	LIOT, Louis-Eugène, rue Planche-Mibray, 15.	Corps et B.	Ramond de la Croisette.
» Avril 20	LOUÉ, Amand-Constant, rue Saint-Antoine, 76.	Biens.	De Brotonne.

Dates des jugements ou arrêts qui les ont prononcées.	NOMS ET DEMEURES DES ÉPOUX SÉPARÉS.	De corps et de biens ou de biens seulement.	Noms des avoués constitués.
1850. Mars 25	LOUSTAUNAU, Georges-Victor, rue des Moineaux, 10.	Biens.	Devin.
» Mai 18	LUCAS, Henri-Hippolyte, rue Vavin, 7.	Corps et B.	Morin.

M.

» Avril	MAUS, Philippe, rue d'Argenteuil, 49,	Biens.	Camproger.
Janv. 8	MATHIEU, Joseph-Lucien, rue du Four-Saint-Germain, 78-80.	Id.	Péronne.
» » 19	MATHÉ, Pierre, place des Italiens, hôtel Favart.	Id.	Labbé.
» Août 13	MAUREL, François-Anselme, rue Meslay, 35.	Id.	Loustauneau.
» » 30	MAGE, Pierre, à Batignolles, boulevart extérieur, 43.	Id.	Comartin.
» Oct. 9	MARKRESCH, Nathan-Isaac, rue Brongniart, 2.	Id.	Jacquin.
» Nov. 13	MAILLARD, Jean-François-Eugène, r. Saint-Denis, 269.	Id.	Lefaure.
» » 13	MATHIEU, Marcellin, rue Rambuteau, 57.	Id.	Sinet.
» » 19	MARDUEL, Jacques, faubourg Saint-Denis, 169.	Corps et B.	Touchard.
» Déc. 10	MAUZAINE, Jules-Auguste, rue Sainte-Marie, 5, à Batignolles.	Biens.	Boudin.
» » 24	MABILLE, Émile, 7, rue Vivienne.	Id.	Mouillefarine.
» » 6	MEFFRE, Alexandre-Edouard, 9, passage Saulnier.	Id.	O. Moreau.
» Août 8	MEUNIER, Romain, à Vaugirard, boulevart des Fourneaux, 23.	Corps et B.	Moullin.

Dates des jugements ou arrêts qui les ont prononcées.	NOMS ET DEMEURES DES ÉPOUX SÉPARÉS.	De corps et de biens ou de biens seulement.	Noms des avoués constitués.
1850. Juil. 10	MECHE, Jules-Sulpice, 297, rue Saint-Honoré.	Corps et B.	Delafosse.
» Avril »	MONCINY, Pierre-Aspais, rue Rameau, 8.	Biens.	Guidon.
» » 4	MÉOMINE, Pierre-Alphaïs, faubourg St-Honoré, 56.	Id.	Id.
1849. Déc. 29	MERMILLIOD, Jean-Claude-Jules, rue Meslay, 13 bis.	Id.	Chagot.
1850. » 17	MEYER, Henri-Conrad, boulevart du Temple, 39.	Id.	Callou.
1849. » 29	MILLOT, Hippolyte, boulevart Bonne-Nouvelle, 10.	Id.	Dyvrande.
1850. Juill. 19	MIRABEL CHAMBAUD, rue Navarin, 20.	Corps et B.	Deplas.
» Août 21	MICHALLET, Jacques, rue des Petits-Pères, 1.	Biens.	Chagot.
» Fév. 8	MOURGEON, Charles-Théophile, rue Jeannisson, 13.	Corps et B.	Cumartin.
» Mars 6	MOTREUIL, René-Joseph, rue du Marché-St-Honoré, 9.	Biens.	Blot.
» » 19	MONARD, François-Théodore, rue des Jeuneurs, 42.	Id.	Estienne.
» Août 10	MONFOURNY, Alexandre-Frédéric-Eugène, rue du Sentier.	Id.	Protat.
» Oct. 17	MONFOURNY, Pierre-Louis-Joseph, rue des Jeuneurs, 38.	Id.	Estienne.
» Août 24	MURE DE PELANNE, rue de Lille, 86.	Id.	Delorme.

N.

1850. Mars 31	NEY DE LA MOSKOWA, Joseph-Napoléon, rue et hôtel Laffitte, 27.	Biens.	Ramond de la Croisette.
1849. Juin 5	NOEL, Jean-Louis, à Grenelle, rue du Transit, 11.	Corps et B.	Thomas.

Dates des jugements ou arrêts qui les ont prononcées.	NOMS ET DEMEURES DES ÉPOUX SÉPARÉS.	De corps et de biens ou de biens seulement.	Noms des avoués constitués.
	O.		
1850. Fév. 2	OUDRY, Auguste-Hubert, rue Vivienne, 42.	Corps et B.	Colmet.
	P.		
1850. Fév. 16	PARRIZY, Louis-Anasthase, marchand boucher, rue du Four-St-Germain, 73.	Biens.	Burdin.
» Juin 11	PAUL, François-de-Paul-Casimir-Marie, rue de Tivoli, 23.	Id.	Tissier.
» Mai 14	PAUWELS, Antoine, faubourg Poissonnière, 179.	Corps et B.	L. Protat.
» Juill. 31	PARMENTIER, Charles-Auguste, à Vitry-sur-Seine.	Biens.	Maës.
» Août 8	PAUL, Aimé, rue des Fossés-St-Germain-l'Auxerrois, 43.	Corps et B.	Varin.
» Déc. 6	PAYEN, Jean-Michel, à Belleville, rue de Calais, 22.	Id.	E. Huet.
» Fév. 9	PEQUET, Antoine-Dominique, rue Mademoiselle, 2.	Biens.	Gracien.
» Mars 16	PERS, François-Louis-Edouard, rue Rochechouart, 94.	Id.	Duché.
» » 5	PERNY, François, rue du Cadran, 14.	Corps et B.	Touchard.
» Avril 8	PETIT, Benjamin-Aimé, rue des Lavandières-Ste-Opportune, 16.	Biens.	Bouissin.
» Mai 28	PERNIN, Louis-Victor, maintenant rue Lafayette, 93.	Id.	Parmentier.
» Juill. 31	PERNIN, Etienne, à St-James, rue Labordière-Neuilly, 7.	Id.	Marchand.
» » 6	PÉTARD (François-Camille), quai de l'École, 8.	Id.	Vinay.

Dates des jugements ou arrêts qui les ont prononcées.	NOMS ET DEMEURES DES ÉPOUX SÉPARÉS.	De corps et de biens ou de biens seulement.	Noms des avoués constitués.
1830. Déc. 20	PEYNAUD, rue de Ponthieu, 19.	Corps et B.	Berthier.
» » 24	PERSIN (Albert-Emile), rue Vavin, 10.	Biens.	Martin.
» Mars 8	PINÇON, Alphonse, ancien quincaillier à Compiègne, maint. r. Montmartre 32.	Corps et B.	René Guérin.
» Mai 17	PINCHON (place du Trône), 14.	Id.	Colmet.
» Juill. 10	PINA (de), Joachim-Calixte-Charles, rue Basse-du-Rempart, 6.	Biens.	Mouillefarine.
» » 31	PINEAU, rue du Four-St-Germain, 86.	Corps et B.	Sinet.
» Août 30	PINGUET, Armand-Dominique, boulevart Montmartre, 12.	Biens.	De Brotonne.
» » 9	PIAU, Jean-Pierre, rue Montorgueil, 57.	Id.	Ploque.
» Oct. 17	PIVRON, Clément-Victor, rue Meslay, 24.	Id.	Prevot.
» Janv. 15	POULET, Charles-Henri-Désiré, rue d'Aumale, 9.	Id.	Gallou.
» » 30	PORCHERET, Jean-Baptiste-Julien, à la Villette, rue d'Allemagne, 66	Id.	Martin.
» Mai 28	POTONIE, Jean-Melchior, faubourg du Temple, 9.	Id.	Gamard.
» Juill. 11	POTEL, Armand, rue Miromesnil, 32.	Id.	Petit Bergonz.
Id.	PROUILLET, Jean-Baptiste-Théodore, rue de Nemours, 19.	Id.	Mercier.
» » 18	POULAIN-DUMESNIL, Alfred-Ferdinand, rue d'Enfer, 47.	Id.	Lefébure de Saint-Maur.
» Janv. 5	PRADIER-BAYARD, J.-B.-Georges-Léon, rue de l'Université, 118.	Id.	Duchâtenet.
» Mars 7	PRESCHEZ, Nicolas, rue du Fouarre, 18.	Id.	Corpel.
» Nov. 20	PRIOLLAUD, François, rue Jean-Robert, 13.	Id.	Bouissin.

Dates des jugements ou arrêts qui les ont prononcées.	NOMS ET DEMEURES DES ÉPOUX SÉPARÉS.	De corps et de biens ou de biens seulement.	Noms des avoués constitués.
	R.		
1819. Nov. 20	RAGON, Jules, rue S.-Dominique-S.-Germain, 141.	Corps et B.	O. Moreau.
1830. Janv. 15	RAUCH, François-Charles, rue Caumartin, 1-3.	Biens.	Louveau.
» Juin 20	RAVET, Louis-Pierre-René, rue Nationale, 9.	Id.	Tronchon.
» Mai 15	RAOUL, Louis-Emile, rue Pigale, 48.	Corps et B.	Jolly.
» Sept. 18	RAMBOUD, Etienne-Henri, 94, rue du Temple.	Biens.	Camproger.
1819. Déc. 18	REY, Michel-Laurent, avenue de la République, à Neuilly, 111.	Corps et B.	Boinod.
1850. Fév. 1er Arrêt.	REVEILLÉ, Jean-Pierre-Joseph, 8, rue Saint-Jacques.	Biens.	Delaine, avoué d'appel.
» Mars 9	RENÉ, Louis-François, rue de l'Université, 117.	Id.	E. Morin.
» » 5	RENAUX, Félix, rue Racine, 15.	Corps et B.	Boinod.
» Août 20	REGNAULT, André-François, quai des Orfèvres, 16.	Id.	Corpel.
» Juill. 50	RENEVIER, Guillaume-Alexandre, rue Jacob, 1.	Id.	Chagot.
» Nov. 22	RICHOME, Cloud, à Boulogne, 8, rue Saint-Denis.	Id.	Enne.
» Avril 4	RICHENET, Arnoud, rue Saint-Denis, 400.	Id.	Saint-Amand.
Janv. 22	ROUSSEAU, Léon-Pascal, rue du Bouloi, 23.	Biens.	Belland.
» Avril 9	ROQUET, Paul-François, rue du Four-S.-Germain, 38.	Id.	Génestal.
» » 2	ROLLAND, Jean-Auguste, rue S.-Paul, 11, au Marais.	Id.	Burdin.

Dates des jugements ou arrêts qui les ont prononcées.	NOMS ET DEMEURES DES ÉPOUX SÉPARÉS.	De corps et de biens ou de biens seulement.	Noms des avoués constitués.
1850. Juin 18	ROUX DE CLANSAYE, rue Richer, 15.	Biens.	Rendu.
» » 26	ROBERT, Jean-Baptiste, rue du Petit-Bourbon-Saint-Sulpice, 14.	Corps et B.	Cottreau.
» Déc. 18	ROLLIN, Jean-Baptiste-François, rue Saint-Denis, 206.	Id.	Duché.

S.

1850. Fév. 7	SALLET, François, rue de Rocroy, 21.	Biens.	Foussier.
Arrêt Août 7	SALLANDRE Joseph-Victor, boulev. Beaumarchais, 40.	Corps et B.	Beaumé (avoué d'appel.)
» Mai . 18	SCHOEBEL, Charles-Auguste, rue de Suresne, 19.	Biens.	Vincent.
» Août 30	SHEE, Michel-Richard-Henri (De), rue du Colysée, 22.	Corps et B.	O. Moreau.
» Fév. 19	SIMON, Bapt.-Auguste-Ferdinand, cité Gaillard, 4.	Biens.	Duparc.
» Août 31	SOUSSIGNAN, César-Auguste, à Batignolles, rue d'Antin, 19.	Id.	Loustauneau.
» Oct. 19	SPÉMENT, Jean-Baptiste, rue du Chevaleret, 33.	Id.	Jolly.
» Déc. 24	STÉEF, Jean-Baptiste, rue de la Vieille-Monnaie, 22.	Id.	Devin.
» Fév. 6	STÉVEN, François-Nicolas, rue Rambuteau, 108.	Corps et B.	E. Huet.
» » 2	STOFFER, Pierre-Alexis, rue Caumartin, 40.	Biens.	E. Lorget.

T.

1850. Fév. 12	TABOURIER, Firmin-Virgile, rue St-Georges, 10.	Biens.	Paul.

Dates es jugements ou arrêts qui les ont prononcées.	NOMS ET DEMEURES DES ÉPOUX SÉPARÉS.	De corps et de biens ou de biens seulement.	Noms des avoués constitués.
1850. Avril 24	TEXIER, Pierre-François, rue St-Thomas-d'Enfer, 13.	Biens.	Prévost.
» » 19	TESSIER, Léonard-Alexandre-Victor, faubourg Poisonnière, 63.	Id.	Enne.
1849. Déc. 27	THIVIER, Jules-Siméon, rue des Trois-Frères, 25.	Id.	Péronne.
850. Mai 15	THOMAS, Pierre-Benoit, rue de Lappe, 13.	Id.	Mouillefarine.
» Août 28	THUBEUF, Jacques-Théodore, rue de l'Est, 29.	Id.	Dyvrande.
» Nov. 20	TILLY, Denis-Jean-Honoré, à Vaugirard, rue de Sèvres, 2.	Corps et B.	Cheuvreux.
» Déc. 24	TIPHAINE, Charles-Alexis, à Belleville, rue des Amandiers, 29.	Biens.	E. Morin.
» Nov. 28	TIRAT DE MALEFORT, Joseph-François, rue du 24 Février, 31.	Id.	Glandaz.
» Fév. 28	TOUCHET, Casimir-Vital, boulevart Poissonnière, 14.	Id.	Labbé.
» Août 27	TRÉGENT, Achille, rue Chevert, 2.	Id.	Vinay.
» Juin 25	TRIPIE, Pierre-Simon, boulevart Mont-Parnasse, rue du Théâtre, 12.	Id.	Gourbine.
» Oct. »	THIBAULT, Jean-Charles, faubourg St-Denis, 104.	Id.	E. Lefèvre.

V.

Dates es jugements ou arrêts qui les ont prononcées.	NOMS ET DEMEURES DES ÉPOUX SÉPARÉS.	De corps et de biens ou de biens seulement.	Noms des avoués constitués.
850. Août 29	VASSEUR, Louis-Jean-Baptiste, rue St-Dominique, 161.	Biens.	Gallard.
» Mars 9	VALLOIS, Edouard-Célestin, rue des Couronnes, 28, à La Chapelle.	Corps et B.	E. Morin.
» Mai 2	VALOT, Jacques-Julien, rue du Cloître-St-Honoré.	Biens.	Varin.

Dates des jugements ou arrêts qui les ont prononcées.	NOMS ET DEMEURES DES ÉPOUX SÉPARÉS.	De corps et de biens ou de biens seulement.	Noms des avoués constitués.
1850. Avril 20	VANNEWETZ, Eugène, rue de la Boule Rouge, 20.	Corps et B.	Massard.
» » 16	VATELLE, Alexandre-Antoine, rue de l'Ecole-de-Médecine, 111.	Biens.	Guidon.
» » 23	VEDEL, rue d'Arcole, 2.	Id.	Massard.
» Juill. 10	VIDAL, Thomas-Alexandre, rue du Parc, 27, à Belleville.	Corps et B.	Jooss.
» Sept. 11	VILESPY, Jean-Alexis-Henri, rue Vieille-du-Temple, 22.	Biens.	Desgranges.
» Mars 16	VION, Sulpice-Nicolas-Marie, rue Neuve-Luxembourg, 51.	Id.	E. Lorget.

W.

1850. Août »	WILHELM, Martin, à Batignolles.	Corps et B.	Lefaure.

Y.

1850. Déc. 20	YART, Nicolas, rue de la Charronnerie, 17.	Corps et B.	Mouillefarine.

FIN.

TABLE DES MATIÈRES.

507 — Paris, imprimerie Guiraudet et Jouaust, rue Saint-Honoré, 338.

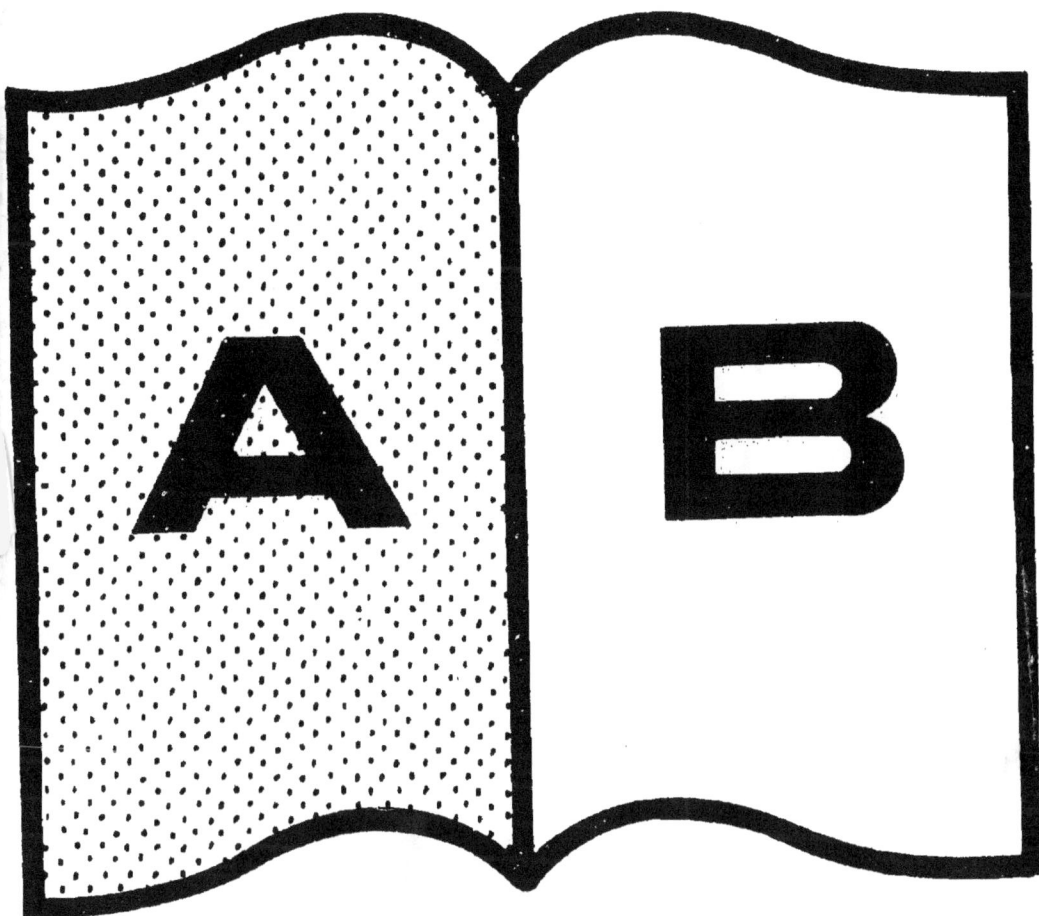

Contraste insuffisant

NF Z 43-120-14